느린 발걸음에 담긴
아프리카

킬리만자로산 트레킹
마사이 부족 마을
암보셀리 국립공원

계간문예수필선 **125**
걷는 자의 꿈 II

느린 발걸음에 담긴
아프리카

킬리만자로산 트레킹

마사이 부족 마을

암보셀리 국립공원

계간문예

 **저자의 말**

    산을 다니면서, 산악서적도 즐겨 읽었습니다. 그러다 산악수필을 써 보고 싶은 마음에 산을 다녀온 후, 기록하는 습관이 취미가 되었습니다.

    처음 산을 오를 때는 근육을 키우는 훈련으로 아픔을 극복하였고 건강이 회복되면서 산에 빠져들었습니다. 그래서 주변 사람들은 저를 '산에 미친美親 여자'라고 불렀습니다.

    그리고 등산을 하면서 간강한 삶을 찾은 저는 아픈 사람들에게 한줄기 희망을 주고 싶은 마음에 '2016년 제3회 전국산림치유 체험수기'에 어릴적 이야기를 풀어 응모했습니다.

    생각지도 않았는데 '대상(농림축산부장관상)'이란 큰 상과 상금을 받았습니다. 그리고 상금을 무엇보다 뜻있게 쓰고 싶어 고민하다가 아픔을 딛고 저를 일어서게 해준 것은 산이기에 산을 좋아하는 사람이라면 한번쯤 꿈꾸어 오는 킬리만자로(5,895m)에 도전해 보기로 했습니다.

    마침 2016년말, 해외트레킹전문업체로 인기가 많은 혜초여행사에서 모객 모집을 하고 있어 출발 열흘을 앞두고 겁없이 신청하여 다녀왔습니다. 그리고 어렵게 다녀온 기억을 더듬어 기록을 남기고 보관해 오던 중, 2023년 5월 3일, 저는 폐암이라는 무서운 병으로 수술대 위에 누웠습니다. 그때 문득, 마취에서 깨어나지 못하면…하는 불안감이 들었습니다. 다행히 수술이 잘되어 퇴원을 하자 주위에 지인들로부터 출판 권유를 받고 용기를 냈습니다. 산에 오르는 것은 자신과의 치열한 싸움이며 고행길이기도 합니다. 한발 한발 내딛는 산길에서 우리에게 인내와 도전의 정신을 배우게 해 주고 정상에 섰을 때의 성취감은 그 무엇에서도 맛볼 수 없는 소중한 체험이기도 하지요.

그래서 '선인들은 바다는 大人(대인)을 만들고 산은 德人(덕인)을 만든다.'라고 했나 봅니다.

이번에 출판되는 '느린 발걸음에 담긴 아프리카'는 아프리카여행 9박 12일 중, 5박 6일 동안 죽을만큼 힘들었던 고산의 무게가 담겨 있어 앞으로 킬리만자로산 등반을 계획하고 있는 분들께 조금이나마 도움이 되고 싶은 마음에서 《걷는 자의 꿈Ⅰ》에 이어 《걷는 자의 꿈Ⅱ》로 출판하게 되었습니다.

완벽한 준비를 한다면, 충분히 킬로만자로 山 트래킹에 도전할 수 있다는 희망의 메시지를 전하고 싶습니다. 끝으로 마지막까지 포기하지 않고 킬로만자로 정상까지 이끌어주신 혜초여행사 남형윤 대리님과 탄자니아 현지인들, 그리고 함께했던 모든 분에게 감사함을 전합니다.

감사합니다.

2023년 12월

정다임

추천서

등산은 전 국민이 사랑하고 즐겨하는 생활체육 중의 하나입니다. 등산에서 말하는 '산'이란 것은 언덕 같은 동네 뒷산부터 극한의 오지인 히말라야 고산까지를 아우르는데, 장소가 광범위한 만큼 취미로 가볍게 즐기는 일반인부터 전문적인 직업으로 고산을 탐방하는 산악인까지 폭넓은 활동이라 보겠습니다.

우리나라는 지리적 특성으로 대부분 산이 낮고, 등산로가 잘 정비되어 있어 등산이 생활체육으로 활성화된 나라입니다. 특히, 국민소득 증가에 따른 여가 욕구, 저렴한 비용 등으로 즐길 수 있는 레저 활동으로 우리에게 희망찬 포부와 기백氣魄을 불러일으켜 주기도 합니다.

맑은 공기와 경치 못지않게 등산이 주는 즐거움과 성취감은 사람마다 각각 다르지만, 정다임 씨의 등산 철학은 일반적으로 등산을 즐기는 사람과는 사뭇 다르다는 것을, 2014년 MBC에서 '사람 산(광양 백운산)'을 함께 촬영하면서 느꼈습니다.

어릴 적(9살), 골수염으로 하마터면 한쪽 다리를 절단해야만 했지만, 부모님의 1% 소망으로 수술을 성공시킨 뒤, 산에 다니면서 어려움을 극복하고 산에 사는 그녀는 아마도 산이 없었다면 이 세상에 없었을 거라며 웃던 미소가 떠오릅니다.

세상을 살면서 꿈꾸는 사람만이 행복을 얻을 수 있는 것 같습니다. 저자著者는 40년이 넘게 등산을 하면서 우리나라 산은 물론이거니와 해외 등반 도중에도 순간 느끼는 감성을 담아 기록을 해 왔다고 합니다. 이번 '킬리만자로산' 역시 모진 역경逆境에도 굴하지 않고 자연의 신비를 생생한 글로 표현하여 킬리만자로산 등반을 꿈꾸고 있는 사람들에게 희망과 도전의 정신을 심어주고자 하는 점이 담겨 있습니다. 떠나기 전, 꼭 한번 읽어보시고, 안전하고 행복한 트레킹이 되었으면 합니다.

2023년 12월

산악인 허영호

 축사

  단풍이 아름다운 만추의 계절이 지나고, 본격적으로 추운 겨울을 여는 12월에 《걷는 자의 꿈Ⅰ(전국 백운산을 찾아서)》'에 이어 《걷는 자의 꿈Ⅱ》를 출판하게 된 것을 진심으로 축하드립니다.
  산은 우리에게 일상생활에서 지친 몸과 마음을 정화시켜 줄 뿐 아니라, 스트레스를 없애고 새로운 삶의 원동력을 찾아주는 소중한 안식처가 되고 있습니다. 그래서 등산은 최근 우리나라 국민들이 가장 즐겨하는 취미활동이 되었고, 산이 주는 기쁨과 아름다움을 향유하는 국민 스포츠로 자리매김하고 있습니다.
  또한 산은 인간에게 큰 포부와 이상을 불러일으키고, 모진 세파 속에 시달리며 살아가고 있는 우리에게 용기와 불굴의 정신을 가져다 주기도 하면서, 무엇보다도 가장 중요한 건강을 책임져 준다는 것 역시 잘 알려진 사실입니다.
  이 책의 저자는, 52년 전 다리 골수염을 앓아 하마터면 한쪽 다리를 잃을 뻔했던 정다임 누나입니다. 저의 진상중학교 선배이기도 하지요. 저도 가벼운 등산이나 산책을 즐겨하고 있고, 정다임 선배와 몇 차례 산행을 한 적이 있습니다. 저자는 산을 가까이하면서 아픔을 극복하고 건강을 다시 되찾은 후, 그에 대한 고마움으로 언제나 활기차고 열정적인 산사랑 활동을 펼치고 있고, 건전하고 올바른 등산 문화 정착에 앞장서면서 새로운 산악문화 창달에 최선을 다하고 있습니다.

킬리만자로(Kilimanjaro)산은 저 멀리 탄자니아에 있고, 아프리카 대륙에서 가장 높은 산(5,895m)입니다. 킬리만자로는 '빛나는 산' 또는 '하얀 산'이라는 뜻이라고 합니다. 킬리만자로를 품는다는 것은, 많은 역경이 따르겠지만 그만큼 빛나는 보람이 있을 것으로 생각합니다. 킬리만자로 트레킹을 계획하고 계신 분이라면, 이 책을 천천히 읽으면서 킬리만자로의 로망을 꿈 꿔 보시고, 그 계획을 꼭 실행에 옮기시길 기원합니다.

산을 좋아하는 사람은 어진 사람으로, 세상을 포용할 줄 아는 사람이라고 생각합니다. 킬리만자로를 품은 저자에게, 앞으로도 산을 가까이하면서 자연의 신비와 아름다움을 즐기시고, 지금까지 주위에 희망을 전달해주셨던 것처럼 더욱 활기차고 빛나게 킬리만자로의 영혼을 전파하는 산 사람의 일원으로 거듭나 주시기를 기원합니다.

바로 눈앞에 있는 것처럼 생생한 기록으로 아프리카의 대자연, 킬리만자로의 영혼을 간접적으로나마 경험하게 해 주신 것에 대해 감사드립니다.

2023년 12월

구회근 서울고등법원 부장판사

격려사

  2023년도 어느덧 12월의 달력 한 장을 남기고 있습니다. 그동안 코로나19 바이러스로 인해 삶이 도태되어 가던 중, 전라남도산악연맹 경기분과위원장 정 다임씨로부터 킬리만자로산을 다녀와 출판한다는 훈훈한 소식에 따뜻한 박수를 보냅니다. 최근에 많은 사람이 건강에 관심을 가지면서 등산 인구가 늘어나고 있습니다. 그러면서 킬리만자로는 산을 즐기는 산악인에게 이상을 추구하는 곳이기도 합니다.

  아프리카 최고봉 킬리만자로山(5,895m)은 산이 높고 험준한 지형으로 도전적이고 경외감과 경이로움을 불러일으키는 곳입니다. 그래서 산을 좋아하고 사랑하는 사람이라면 특별한 장비 없이 도전할 수 있어서 누구나 한 번쯤 다녀오고 싶은 산이지만, 누구나 쉽게 다녀올 수 없는 곳입니다. 하지만 한계를 뛰어넘는 성장을 위해서는 평소 체력을 충분히 단련시켜 도전해 볼 만한 산입니다. 산을 오르는 능력에는 정말 마법 같은 것이 있습니다.

  山은 정복의 대상이 아니라 길들지 않은 산을 통해 우리의 영혼을 상쾌하게 하는 여행으로, 끝없는 보상을 제공하는 선택이라 생각합니다.

이 책의 저자인 정 다임씨는 어릴 적 골수염이란 큰 병마를 산에서 극복하고 건강을 찾아 산에 대한 고마움으로 누구보다도 산을 아끼고 사랑하는 사람 중의 한 사람입니다. 산을 다니면서 꾸준히 글을 써 온 덕에 2016년도에는 '제 3회 전국 산림치유 체험수기'에서 '대상'을 받고 《걷는 자의 꿈Ⅰ(전국 백운산을 찾아서)》 이어 《걷는 자의 꿈Ⅱ(느린 발걸음에 담긴 아프리카)》를 출판하게 된 것은 산을 다니는 사람에게 꿈과 희망의 메시지로 전달되리라 생각하면서 '귀감[龜鑑]'이 되었으면 합니다.

  끝으로 아프리카 대자연 속을 담은 《걷는 자의 꿈Ⅱ》의 출판을 축하드리며, 건강한 체력 향상을 도모하는데 모범이 될 수 있도록 자연에 대한 고마운 마음을 항상 잊지 않고, 건전한 산악문화 발전에 힘써주시길 바랍니다.

  안전하고 행복한 산행 하시길 바랍니다. 감사합니다.

2023년 12월

손중호 (사) 대한산악연맹 회장

■ 차례

저자의 말 4
추천서 6
축사 8
격려사 10

제1부 킬리만자로산

킬리만자로산을 향한 꿈 … 20
설레는 마음은 어느새 하늘을 날고 … 24
인천에서 아부다비 공항 … 26
아부다비 공항에서 탄자니아 … 29
킬리만자로 등반 시작점 마랑구 게이트로 이동 … 32
만다라 산장에서 호롬보 산장까지 … 42
등정 성공률을 높이기 위한 고소 적응 일 … 52
세계에서 가장 높은 곳에 있는 키보 산장 … 60
드디어 아프리카 최고봉 우후루피크에 서다 … 72
호롬보 산장에서 마랑구 게이트~모시 … 88

제2부 마사이 부족마을

마사이족 마을 방문 … 96
마사이족은 일부다처제 … 101
마사이족의 생활사 … 107
마사이족의 교육 … 112
소를 빼놓을 수 없는 마사이족 … 117

제3부 암보셀리국립공원

아카시아 나무 … 126
야생동물의 낙원 … 128
흥미로운 암보셀리 … 129
먹고 먹히는 생태계의 세계 … 136
사파리파크 호텔의 화려한 밤 … 142

제1부
킬리만자로山
(우후루 피크: 5,895m)

제1부 킬리만자로산
(우후루 피크: 5,895m)

킬리만자로산(Mount Kilimanjaro)은 스와힐리어로 Kilima(산)+njaro(빛나는)의 합성어로 '빛나는 산' 또는 '하얀 산'이라는 뜻이다. 동·서간 거리는 약 80km이며 3개의 주 화산으로 이루어져 있다. 중앙의 키보 화산(5,895m)은 아프리카에서 가장 높다. 눈에 덮인 산의 정상 분화구에는 너비 1.9km, 최고 수심 300m의 '칼데라호'가 있다. 이 분화구 안에는 얼음덩어리가 따로 떨어져 녹지 않은 채 남아 있고, 서쪽 가장자리에는 빙하가 있다. 여기서 11km 떨어진 마웬지산은 키보산과 대조적으로 침식을 많이 받아 들쭉날쭉하며 깎아지른 듯 험준하지만, 만년설이 없고 눈에 덮인 곳도 거의 없다.

1848년 독일 선교사 요하네스레브만과 루드비히 크라프는 유럽인으로서는 처음으로 킬리만자로를 발견했으며 1889년 독일의 지리학자 마이어와 오스트리아의 산악인 푸르첼러가 키보산 정상에 올랐다. 또 마웬지산은 1912년 독일의 지리학자 클루테가 처음 정복했다. 남쪽 기슭에 있는 모시는 교역 중심지이자 등반기지로서 중요한 역할을 한다.

[출처: 위키백과]

킬리만자로山은 탄자니아와 케냐의 국경 부근에 있는 아프리카 최고봉이다. 특히, 세계 7대 봉우리 중 유일하게 일반인이 특별한 장비 없이 도전할 수 있어, 산과 여행을 좋아하는 사람이라면 누구나 한 번쯤 오르고 싶어 하는 산으로, 세계 각국에서 매년 약 2만여 명이 도전하고 있단다. 그래서 해마다 연말연시는 그 어느 때보다 이런 마음속의 꿈을 이루기 위해 킬리만자로산을 향해 떠나는 사람들이 늘어나고 있다고 한다.

킬리만자로山을 향한 꿈

나는 2016년 산림청과 산림복지진흥원에서 주관한 제3회 전국 산림치유 체험수기 공모에서 '대상(농림축산부 장관상)'을 수상하고 받은 상금으로 뜻하지 않게 출발 열흘을 앞두고, 나의 인생 버킷리스트 중 하나인 킬리만자로山에 도전하기 위해 먼

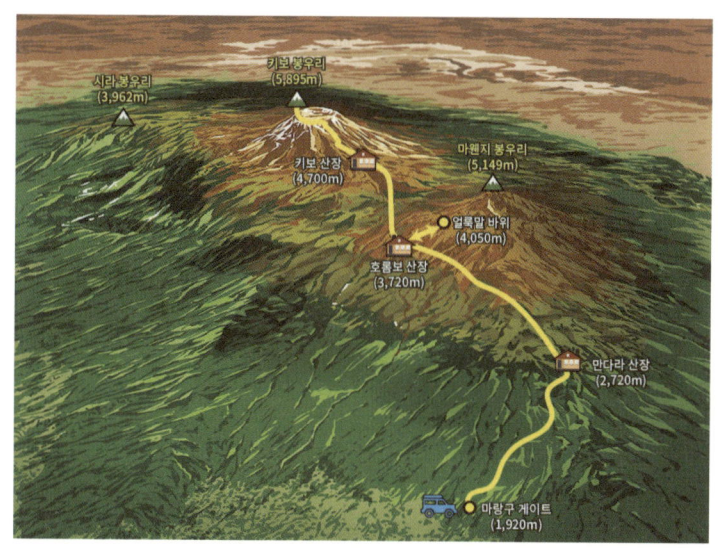

저, 황열병 예방접종부터 하고 트레킹을 떠나는 사람들 속에 묻혀 겁 없이 따라나섰다.

황열병은 아프리카와 남아메리카 지역에서 유행하는 질환으로 아르보 바이러스에 의한 급성바이러스 질환이다. 질병을 일으키는 아르보 바이러스는 모기에 의해 전파되므로, 이 바이러스를 전파시킬 수 있는 모기의 서식지가 황열 발병지역과 아프리카는 일치하기 때문이다. 이 병에 걸린 환자의 일부는 황달로 인해 피부가 누렇게 변하는 증상이 나타나기 때문에 황열이라고 한다. 국내(한국)는 아직까지 황열환자 발생이 없지만, 해외여행 시 주의가 필요하다. [다음백과]

킬리만자로산 트레킹 준비물

- **여권** [출발일로부터 6개월 이상 유효기간이 남은 여권]
- **황열병 예방접종 카드** (원본 필수)
- **겨울용 침낭** (없을 시 출발 전 신청 - 현지 대여 가능)
- **개인용품**
  (수건, 세면도구, 자외선차단제, 상비약, 선글라스, 휴대전화기 충전 배터리, 스킨로션, 수통, 보온병, 물티슈, 핫팩 6개 등 개인장비)
- 포터가 운반하기 편한 **카고 백, 그리고 개인 배낭**
  (배낭-트-레킹 중 본인이 사용할 배낭 30ℓ 적절)
- **등산화** (본인 발에 최적화된 등산화)
- **방한 점퍼, 겨울용 바지, 방한 모자**

- **등산 양말**(여벌 몇 켤레)
- 겹치기 할 수 있는 **얇은 옷 여러 벌**
- **장갑, 헤드랜턴, 고어텍스**
- **고산병을 견딜 수 있는 약** (반드시 병원에서 처방)
- **트-레킹 할 수 있는 건강한 체력**
  (평상시 등산을 즐기면서 하루 20km 이상 걸어도 다음날 근육통이 없어야 함)
- **심장질환 및 호흡기질환, 당뇨병이 없는 건강한 사람**
- **사전에 등반을 위해 충분한 연습을 마친 사람**
  (자신만으로는 불가함)

설레는 마음은 어느새 하늘을 날고

2016년 12월 21일(화) 맑은 뒤 비

광양(전남)공용 터미널 출발 … 순천(전남)공용터미널 … 인천국제공항 … 아부다비 국제공항

2016년 12월 21일 오전 7시, 나는 아침 일찍 광양터미널에서 버스를 타고 순천터미널로 이동하여 오전 9시, 순천 공용 버스터미널에서 인천공항으로 가는 공항버스를 탔다. 순천 공용 버스터미널에서 인천국제공항까지는 5시간이 소요되었다. (이번 킬리만자로山 트레킹은 해외 트레킹을 전문적으로 운영하는 혜초여행사에서 모객 모집을 하여 일행들과 여행사 첫 만남은 '인천국제공항 제1터미널 3층 A카운터' 였다.)

오후 2시, 인천공항에 내린 나는 차디찬 바깥 공기를 피해 공항 內에서 시간을 보내고 오후 8시, 시간에 맞추어 약속된 장소로 이동하자 눈에 익은 파란색 카-고 백(여행사에서 보내온 가

방)이 보이기 시작했다. 사전에 미팅도 없이 처음 만나는사람들이었지만, 목표가 같아서인지 오래 만난 사람들처럼 낯설지 않았다.

  수화물을 부치고 비행기를 기다리는 동안 일행들은 한자리에 모여 자기소개를 마치고, 밤 12시 30분(자정), 예정 시간보다 35분이나 지체된 에티하드 항공 EY873을 타고 어둠이 짙은 하늘길에 내리치는 빗줄기를 뚫고 아부다비 국제공항을 향해 거침없이 하늘을 날았다.

인천에서 아부다비 공항
(아랍에미리트)

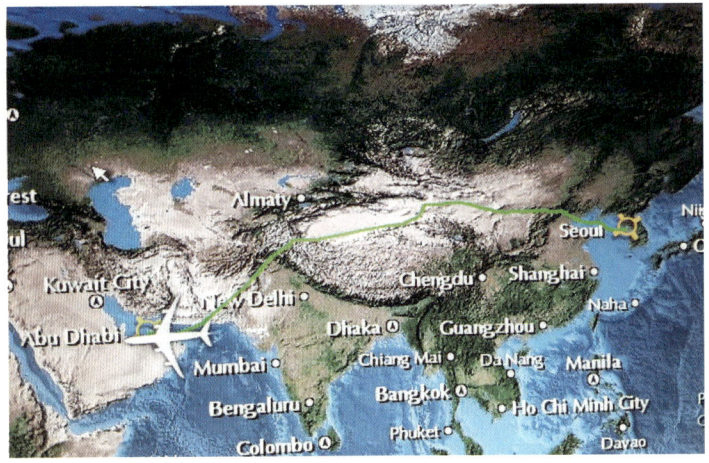

인천에서 아부다비공항

아부다비 국제공항(아랍어:مطار أبو ظبي الدولي, 영어:Abu Dhabi International Airport, IATA:AUH, ICAO:OMAA)은 아랍에미리트의 수도아부다비에 위치한 공항이다. 세계에서 이용객 수(2008년 1사분기 기준 34% 증가) 및 취항 항공사가 급증하고 있으며 이를 위한 기반 시설 역시 빠른 속도로 개발되고 있는 공항으로, 두바이 다음으로 아랍에미리트에서 2번째로 큰 공항이다. 2008년에 30%가 증가한 9백만여 명의 이용객이 이용하였다. 대한민국에서는 에티하드 항공이 인천-아부다비노선을 독점 운항하고 있다. [출처 위키백과]

에티하드 항공은 어둠이 짙은 깜깜한 하늘을 뚫고 밤새 날다 아침을 맞이했다. 나는 항공기 내에 작은 창문으로 밖을 주시해 봤지만, 도무지 하늘 금은 어디에 그었는지 알 수 없어 시간을 계산해보니 10시간이 조금 넘게 흐른 것 같다. 10시간이란 긴 시간은 나의 몸을 비틀기조차도 비좁은 의자에서 허리통증과 다리를 조여 오는 고통에 발광이 났다. 나름대로 스트레칭을 해 보았지만, 몸의 근육은 더 굳어져 가는 것 같았고 목의 근육도 뻣뻣하게 고개를 돌릴 수 없었다. 의자에 앉아 있는 몸은 기운이 빠질 대로 빠져 정신이 혼미해져 오는데, 기내에 불이 켜지면서 승무원이 야채 죽과 빵을 배달해 왔다. 간신히 기운을 내어 식사하는 동안, 에티하드 항공 EY873은 점점 속도를 늦추는 듯하더니 알아듣지 못하는 아랍어와 영어를 반복하고는 우리말로 아부다비 국제공항에 곧 도착한다는 방송이 흘러나왔다.

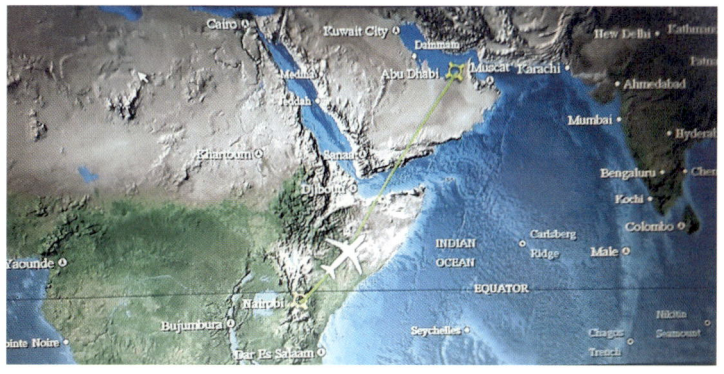

아부다비공항에서 나이로비공항

아부다비 국제공항은 아랍에미리트의 수도 아부다비에 있는 공항이다. 인천국제공항에서 탄자니아로 바로 가는 직항이 없기에 우리는 아부다비 공항에 내려 케냐로 가는 비행기로 갈아타야 했다. (인천공항에서 아부다비 공항까지는 10시간 35분 소요됨) 그리고 다시 아부다비 공항에서 항공기는 바로 연결되지 않아 공항내에서 3시간 30분을 기다려 나이로비로 가는 항공으로 바꿔탔다. (참고로 공항에서 대기 시간이 5시간이 넘어야 공항 밖으로 나갈 수 있다.) 아부다비에서 케냐 나이로비까지는 5시간 30분이 소요되었다. (아프리카와 한국시간은 5시간 차이로 한국이 5시간 빠르다.)

아부다비 공항에서 탄자니아

2016년 12월 22일 (수) 맑음

아부다비 국제공항 … 나이로비 국제공항 … 나망가 … 탄자니아

케냐의 나이로비 공항은 동아프리카 관문이라고 한다. '나이로비'는 1890년대 말, 철도선로 부근에 식민촌으로 만들었는데, 아프리카를 대표하는 마사이족이 엔카래 나이로비라고 부르는 작은 연못에서 이름을 따 왔다고 한다. 1905년에 동아프리카 영국 보호령의 수도가 되었고, 그 후 인도인들이 작은 시장을 세워 산업중심가 되었단다. 특히 철도산업은 가장 많은 종업원을 고용하고 있으며, 경공업으로 음료와 담배 및 식품가공 뿐 아니라 관광업으로 큰 소득을 올리고 있다고 한다. 또한, 동부 아프리카의 농업중심지 가까이에 있어 많은 농산물이 몸바사(케냐 남동부 코스트주)를 통해 수출되고, 거대한 금렵구역인 나이로비 국립공원은 관광명소로 널리 알려져 있다.

우리는 나이로비 공항에서 케냐 비자를 받은 후, 버스를 타

이동하면서

『탄자니아 연합공화국(스와힐리어: Jamhuri ya Muungano wa Tanzania 잠후리 야 뭉가노 와 탄자니아, 영어: United Republic of Tanzania)은 동아프리카에 있는 나라이며, 1961년에 독립한 탕가니카와 1963년에 독립한 잔지바르가 1964년에 통합하여 생긴 나라이다. 또한 탄자니아의 법적인 수도는 도도마이지만, 실질적인 수도의 기능은 탄자니아의 최대 도시인 다르에스살람이 하고 있으며, 각국의 대사관을 포함한 많은 공공기관과 기업들이 현재까지도 이전을 거부하고 있는 상태.

'탄자니아'라는 이름은 탄자니아를 이루고 있는 탕가니카(Tanganyika)와 잔지바르(Zanzibar)에서 따왔다.' 탕가니카라는 이름은 스와힐리어로 '길들이지 않은 곳을 항해한다'라는 뜻이며, '잔지바르'는 동아프리카의 원주민들을 일컫는 말인 '젠기(zengi)'와 해안가를 뜻하는 아랍어인 '바르(barr)'에서 따왔다. **[출처: 위키백과]**

고 끝없는 황야의 사막 길을 2시간이 넘게 흙먼지를 날리며 달려가 케냐와 탄자니아의 국경 마을인 나망가(케냐와 탄자니아의 국경지대)에 도착했다, 그곳에는 케냐의 출입국 사무소와 탄자니아 출입국 사무소가 각각 따로 있었다.

  나망가에서 우리는 다시 탄자니아 도착 비자를 발급받았다. 그리고 잡힐 듯 말 듯 한 사막의 구름을 따라 아프리카에서 첫날 묵어야 할 숙소인 탄자니아 모시마을에 있는 스프링 랜드(SPRING LAND HOTEL)에 오후 8시가 넘어서 도착했다. 숙소에 여정을 풀고 모시마을까지 왔던 시간을 계산 해 보니 집(전남 광양)에서 여기(탄자니아)까지 41시간이나 걸렸다. 지칠대로 지친 긴 여정이었지만, 탄자니아 현지인들이 '게인 코코넛 크랩'으로 준비한 저녁만찬은 피곤함을 풀어주는데 최고의 식사였다. 탄자니아는 세계에서 가장 큰 게인 코코넛 크랩의 고향이란다. 득이한 건, 손님이나 누군가를 맞이하기 위해 왼손을 사용하는 것은 무례한 것으로 여겨진다며 오른손으로만 악수를 청했다. 우리는 늦지않게 다음날 트레킹에 필요한 물건을 챙겨 놓고 일찍 잠자리에 들었다. 나의 피곤함은 어느새 킬리만자로 표범을 찾아 꿈속을 헤매는데…

모시마을

킬리만자로 등반 시작점
마랑구 게이트로 이동

킬리만자로산 트레킹 1일째

2016년 12월 23일 (목) 맑음

모시 … 마랑구 게이트 … 만다라 산장

- ▶ 호텔 조식 후, 마랑구 게이트로 이동(약 2시간 30분 소요)
- ▶ 마랑구 게이트 (1,970m) 도착(입산 절차 및 가이드, 포터 배정)
- ▶ 입산 신고 및 도시락 수령 후, 트레킹 시작
- ▶ 열대 밀림 지역 피크닉 구간 통과 만다라 산장 도착(2,720m)
- ▶ 거리 8.2km / 5시간 소요
- ▶ 고도차 750m
- ▶ 식사 : 아침- 호텔식, 점심- 도시락, 저녁- 취사 식
- ▶ 숙소 : 만다라 산장 투숙(다인실)

버스이동

　오전 6시, 모닝콜은 사정없이 잠을 깨웠다. 드디어 꿈에 그리던 킬리만자로 트-레킹 첫날이다. 이번 킬리만자로山 트레킹은 9박 12일간의 일정으로 나를 포함한 13명과 통역을 해 줄 혜초여행사 남형윤 대리님(가이드), 그리고 현지 가이드 7명, 그 외 우리 일행을 도와줄 스텝(포터, 요리사 등)을 포함하면 모두 55명이 한 팀이 되어 일정을 마무리할 때까지 호흡을 같이 한다.(참고로, 킬리만자로산은 현지 가이드 없이는 절대 오르지 못한 산이며, 입산 허가도 내어주지 않는다.)

　일정대로 우리는 호텔식으로 아침 식사를 마친후, 스프링 랜드(숙소)에서 나와 모시마을의 복잡한 문명 세계를 잠시 뒤로하고, 덜커덩거리는 버스에 올랐다. 버스는 매캐하면서 뿌연 먼지 속으로 들어갔다.

　현지 가이드의 안내가 시작되었다. 하지만 우리는 무슨 말

차로 이동

인지 알아들을 수 없다고 하자 우리를 인솔하여 함께 간 남 가이드가 우리말로 통역을 해 주었다. 모시마을은 160만 인구로 20개 종족이 살고 있으며, 차카 종족이 많이 사는 크나큰 도시란다. 수입은 주로 커피와 바나나재배가 가장 많으며 킬리만자로 관광은 탄자니아에서 두 번째로 많은 수입이 창출된다고 한다. 또한 이 나라 청년들도 우리나라와 비슷하게 일자리가 없어 60%가 대부분 실업자라는 이야기를 들으며 창문 밖을 보았다. 뿌연 먼지가 덮인 거리에 달리는 오토바이 애호가들이 검은 얼굴빛을 가지고 거리의 이곳저곳에서 서성이는 젊은 청년들이 눈에 많이 띄었다.

 남 가이드는 남아공 아랍의 연합국은 아부다비와 두바이 등 7개의 나라라는 설명을 한 후, 트-레킹 하면서 가장 기본적

탄자니아 거리

인 탄자니아 인사법인 '잠보(안녕하세요), 아싼떼(감사합니다)'를 알려주었다. 가이드를 따라 어설픈 언어를 배우는 동안 어느새 버스는 2시간 30분이라는 시간을 넘어 마랑구 게이트(1,970m)에 도착했다.

마랑구 게이트는 킬리만자로山에 입산하는 초입으로, 오르막이 심하지 않아 다른 루트보다 편하게 걸을 수 있어 가장 인기 있는 곳으로 일명 '코카콜라 루트'라고 부른다. 킬리만자로山 트레킹 루트는 6개가 있다고 한다. 그 중, 일반인들도 정상 등반이 가능한 상대적으로 쉬운 코스 3개를 코카콜라(Coca Cola) 루트라고 하며, 전문 산악인들이 등반하는 상대적으로 어려운 코스 3개를 위스키(Whiskey) 루트란다.

코카콜라 루트에는 마랑구(Marangu), 롱가이(Rongai), 므웨

마랑구 게이트

카(Mweka) 3개의 루트가 있는데 그중에 마랑구 루트는 킬리만자로 트-레킹 루트 중 가장 많은 사람이 등반하는 유명한 루트란다.

입산에서 만다라 산장까지

입산하는데 신고가 필요해서 대기 시간이 좀 길었다. 우리는 기다리는 동안 정상 등정에 다 함께 성공하기 위해 우리 일행 중 한 명을 대장으로 뽑아 대장을 중심으로 서로가 힘이 되어 줄 것을 약속하고, 서울에서 온 봉순 언니를 대장으로 뽑았다. 봉순 언니는 성격도 호탕하고 다른 사람들보다 리더 십도 있어 보였다. 대장 언니의 리더에 따라 우리는 기념사진을 찍으며, 탄자니아 인사말을 하면서 서로 친해졌다.

마랑구게이트 단체사진

    절차를 마치고 돌아온 현지 가이드 중 메인 가이드 '실 바 노'는 우리를 도와줄 6명의 가이드를 소개했다. 그리고 킬리만자로 관리팀에서 제공한 개인 점심을 각자 배낭에 넣고 울창한 열대 우림으로 들어갔다. 열대 우림 지역인 이곳을 '레인 포레스트'라 부른단다. '레인 포레스트'라 부르는 이유는 정글 같은 숲에 일주일에 3~4일 비가 내린다고 하여 지어준 이름인데, 다행히 우리가 그 길을 걷는 동안은 안개가 조금 끼었을 뿐, 비는 내리지 않아 메인 가이드 실바노는 우리에게 복이 많은 사람이라고 했다.

    울창한 열대 우림 같은 이 숲길 구간을 또 다른 말로는 '피크닉 구간'이라 부른다고 했다. 이유는 대부분 트레킹을 온 사람들이 이 구간에서 도시락을 먹기 때문이라고 했다. 피크닉 구

열대우림

간에는 실비 같은 물을 뿌리는 폭포도 있었고, 폭포에서 흐르는 물은 작은 계곡을 만들어 아름다운 풍광을 자아내고 있었다. 등산로 주변에는 오랜 세월을 이야기라도 하듯 울퉁불퉁한 흙먼지로 쌓인 돌멩이가 가득한 길에 몸통이 큰 나뭇가지에는 이름모를 난 종류와 고사리 종류가 다닥다닥 붙어 자연스럽게 울창한 숲을 이루고 있었다. 마치 영화에서나 본 듯한 원시림이었다.

　우리는 피크닉구간 절반쯤 가서 점심을 먹는다고 했다. 나뭇가지 사이를 뚫고 햇살이 발등에 내려 앉았다. 신선한 공기는 이색적인 풍경속을 휘젓고 내 몸안의 먼지를 씻겨 내리듯, 바람이 조금만 불어도 청량감은 이루 말할 수 없었다. 나는 자유와 고요함속으로 전진의 리듬에 몸을 맡겼다. 빛이 시간

숲길

과 공간속을 드나드는 동안 어느새 점심을 먹을 넓은 공터에 도착했다. 그곳에는 의자도 있었다. 이곳은 우리뿐 아니라 트레킹하는 대부분 사람들이 점심식사를 한다고 한다. 도시락에는 빵과 샌드위치, 그리고 바나나와 요구르트 등 꽤나 푸짐하게 들어 있었다. 나는 아침을 일찍 먹고 출발한 탓인지 순식간에 도시락이 비워졌다. 점심을 먹고 우리는 1시간의 충분한 휴식 시간을 갖고 일어서려는데, 나뭇가지 끝에 앉아 있던 카멜레온이 우리를 향해 킬리만자로산 트레킹의 성공을 응원했다.

카멜레온의 응원과 봉순 대

카멜레온

만다라산장

장의 우스꽝스런 이야기며 여행자금을 모으기 위해 노력했던 생활의 지혜를 들으며, 즐겁고 재밌게 만다라 산장까지 도착했다. 마랑구 게이트에서 만다라 산장까지 고소 적응을 위해 느림보 걸음으로 6시간이 걸렸다.

 만다라 산장은 높이 2,720m로 고도가 높고 적도 밑이라 더울 것으로 예상하였는데, 덥지 않았다. 나는 일행들과 숙소에 짐을 풀고 산장 주변을 둘러보았다. 방은 2층 침대 두 개가 나란히 붙은 4인실이었다. 우리 일행 13명 중 여성은 나를 포함해서 4명이었다. 그래서 우리는 4명이 같은 방을 쓰기로 했다. 숙소 주변에는 기념사진을 찍을 수 있는 구조물도 있었다. 하지만 해가 지자 고도가 높아 추위가 빠르게 엄습해 왔다.

요리사

이곳 높이가 2,720m, 백두산 높이는 2,744m로 거의 비슷한 높이다. 하지만 백두산 정상에는 큰 나무들의 모습을 찾아볼 수 없이 황량한데, 이곳은 큰 나무들과 키작은 나무들이 울창한 숲을 이루고 있어 산소량은 충분하여 고산을 느끼지 못했다. 그래서 트레킹을 하지 않고, 킬리만자로 관광을 하러, 온 사람들은 만다라 산장까지 올라와 킬로만자로 탐방을 즐긴다고 한다. 나는 이렇게 높은 곳에, 숲이 울창하게 있다는 것이 신기해서(숙소) 아프리카라는 게 실감이 났다. 저녁은 현지에서 요리사가 직접 닭 요리를 만들어 주었다. 시간이 흐를수록 만다라 산장에 서서히 어둠이 내리고 짐을 가득 짊어진 포터들과 등산객들이 계속 도착해 왔다.

만다라 산장에서 호롬보 산장까지

킬리만자로山 트레킹 2일째

2016년 12월 24일 (금) 맑음

- ▶ 만다라 산장 (2,720m) - 호롬보 산장 (3,720m)
- ▶ 거리: 약 11.7km / 8시간 소요
- ▶ 고도차: 1,000m
- ▶ 호롬보 산장 저녁 식사 후 휴식
  식사 : 조식 -호텔식, 중 -행동식, 석 -취사 식
- ▶ 숙소 : 호롬보 산장(다인실)

만다라산징 일출

　모닝콜 소리에 눈을 떴다. 오늘은 2016년 크리스마스 이-브 날로, 킬리만자로산 트레킹 둘째 날이다. 익숙하지 않은 환경에서 우리는 시원한 미역국에 아침 식사를 마치고 오전 5시 40분, 만다라 산장에서 일출을 가장 멋지게 볼 수 있다는 곳으로 이동하여 해가 뜨길 기다렸다. 해는 서서히 모습을 드러내기 시작하다가 만다라 산장 앞 나무 위에 걸리고 말았다.

　킬리만자로에서 처음 맞이한 일출은 아쉽게도 나뭇가지에 걸어두고 숙소로 돌아와 오전 8시, 서둘러 도시락을 받아 각자 배낭에 넣고 호롬보산장을 향해 고도를 천천히 높이며 걸었다. 자연이 들려주는 경쾌한 리듬에 어디선가 블루몽키라는 원숭이 한 마리가 나뭇가지를 타고 곡예를 시작했다. 높고 드

킬리만자르

넓은 산등성이에는 이름 모를 꽃향기가 바람에 길을 덮었다. 고도가 점점 높아지자 나무는 사라지고 키 작은 관목들이 숲의 높이를 낮추고 있었다. 그리고 호롬보 산장으로 가는 길에 처음 보는 식물이 장관이었다. 그 식물은 '세네시오 tree(킬리만자르)'로 세네시오 tree는 킬리만자로산, 이 지역에서만 볼 수 있는 독특한 식물이란다.

고도가 점점 높아지면서 나는 머리가 무거워지기 시작했다.

울창한 숲길

그리고 약간의 어지러움으로 주변에 보이는 사물이 맑지 않게 보인다고 하자 현지 가이드 7명 모두가 "폴레 폴레" 하며 걸음을 점점 늦추기 시작했다. 킬리만자로山 트레킹 중에 가이드들이 가장 많이 하는 말은 '폴레폴레(Polepole)'이다. 폴레폴레는 우리말로 '천천히'라는 뜻이란다. 그리고 또 많이 듣는 언어는 '하쿠나 마타타'이다. '하쿠나 마타타 (Hakuna matata)'는 스와힐리어로 '걱정마 다 잘될 거야'라는 위로의 주문이라고 한

마웬지

다. '하쿠나 마타타'는 디즈니 명작 에니메이션 [라이온 킹]의 OST로 유명해졌다. 가이드는 계속 노래했다. 하쿠나 마타타~ 하쿠나 마타타~ 마치 우리 머릿속에 세뇌하듯이 노래했다.

그렇게 부르는 노래를 따라 함께 부르자 잠시나마 어지럼증이 사라지고, 그들과 흥을 즐길 수 있었다. 점점 관목의 키는 무릎 아래로 내려서고 세네시오 tree(킬리만자르)가 사방으로 군락을 이루며 시야를 빼앗아 갈 무렵 멀리 마웬지봉이 위용을 드러내며 우리를 반겼다. 마웬지봉은 해발 5,190m로 킬리만자로(우후루피크), 케냐 봉에 이어 아프리카에서 세 번째 높은 산이다. 하지만 산세가 높고 험악해서 국립공원 허가와 전문 장비를 갖춰야 오를 수 있다. 나는 마웬지봉을 향해 돌무덤 위에 작은 돌 하나를 포개 올리고 우리 일행들 다 함께 정상 성공을 기원했다. 능선 너머로 호롬보 산장이 보였다. 호롬보 산장은 높이 3,720m 높이에 있다. 내 몸은 아직 별 탈 없이 고산에 적응을 잘하면서 걷고 있었다.

운해가 아름다운 호롬보 산장

호롬보 산장을 바로 눈앞에 두고 갑자기 어디선가 회색빛 진한 구름이 달려와 호롬보 산장을 덮으려 하자 반대쪽에서 불어오는 강한 바람은 회오리를 일으켜 잿빛 구름을 새털처럼 날려 보냈다. 구름은 화산재에 못 이겨 줄행랑치듯 자취를 감추고 말았다. 정말 장관이었다. 이런 모습은 어디에서도 볼 수 없는 자연이 빚어낸 신비스러움이었다. 하늘과 바람, 구름과

호롬보 운해

이브의밤

이브의 빔1

비, 안개 속에 있는 사람을 생각하니 나는 마치 한편의 아름다운 멜로 영화의 주인공처럼 느껴졌다. 바람도 길따라 지나간다고 하는데 바람의 세기에 따라 신기루현상이 일어난다고 한다. 시시때때로 변화는 자연의 조화 앞에서 나는 넋을 잃고 내게 스치는 바람을 느껴 보았다. 먹구름이 지나간 자리에 붉은 노을이 수놓고, 노을은 호롬보산장 앞에 세웠다.

호롬보 산장은 남·녀·노·소 함께 들어가는 다인실로 2층 구조로 되어 있었다. 말이 산장이지 이곳은 실제로 간신히 바람만 피할 수 있는 나무판자로 지어져 있었다. 나는 1층에 자리를 잡았다. 그리고 침낭을 꺼내 미리 준비해 둔 핫팩 3개를 침낭 속에 넣어 두고, 식당으로 갔다. 오늘은 크리스마스 이브 날이다. 현지 가이드와 한국에서 동행한 남 가이드가 킬리만자로 트레킹에서 맞이하는 이브의 밤을 위해 준비한 현지식 최고의 음식은 쿵쾅거리는 춤과 노래로 화려한 저녁만찬이었다.

밖에는 뭇 산꾼들의 텐트가 바람을 맞으며 어둠 속에 묻히고 구름 뒤에 숨은 강렬한 태양의 무게는 피곤함을 삼키며 찬바람 속에서 서서히 시들어 갔다.

등정 성공률을 높이기 위한
고소 적응 일
(마웬지봉 제브라 록:4,050m)

킬리만자로 트레킹 3일째

2016년 12월 25일 (토) 맑음

- ▶ 호롬보산장에서 마웬지봉(제브라 록:4,050m)까지 고소적응을 위한 예비일
- ▶ 거리 약 4km / 4시간 소요
- ▶ 고도 차: 330m
- ▶ 호롬보 산장- 얼룩말 바위- 호롬보 산장
- ▶ 식사 : 조식-취사식, 중식 : 행동식, 석식 : 취사식
- ▶ 호텔 : 호롬보 산장 (다인실)

호롬보산장

　바람이 호롬보 산장을 흔들었다. 세찬 바람에 부딪히는 나무 벽이 덜컹거리는 소리가 요란했다. 나는 더이상 잠을 이룰 수 없어 밖으로 나왔다. 침낭 속에 웅크리고 누워 있는 것보다 차라리 두꺼운 방한복을 입고 바람 앞에서 즐기기로 했다. 어둠이 걷히지 않은 새벽하늘에 별이 쏟아질 듯 총총거렸다. 호롬보 산장 하늘의 별은 고향에서 보던 별과 달리 유난히 크고 반짝거리며 빛났다. 손을 뻗으면 별을 딸 수 있을 듯, 정말 크고 눈부셨다.

별을 보고 있노라니 내 마음도 어느새, 별과 같이 밤하늘에 빛나고 있었다. 고도 3,720m 높이에서 바라보는 별빛.

  나는 별에게 킬리만자로에 대한 오랜 이야기를 듣고 싶었지만, 차디찬 공기에 금방이라도 얼어버릴 듯한 추위가 엄습해 곧장 숙소로 들어와 침낭 속으로 파고 들어갔다. 날이 밝자 새벽녘 호롬보의 하늘에 초롱초롱 빛나는 별들이 하얗게 타 버렸다. 떠오르는 태양의 붉은빛을 이겨내지 못하고 황금빛 아침에 탄 모양이다.

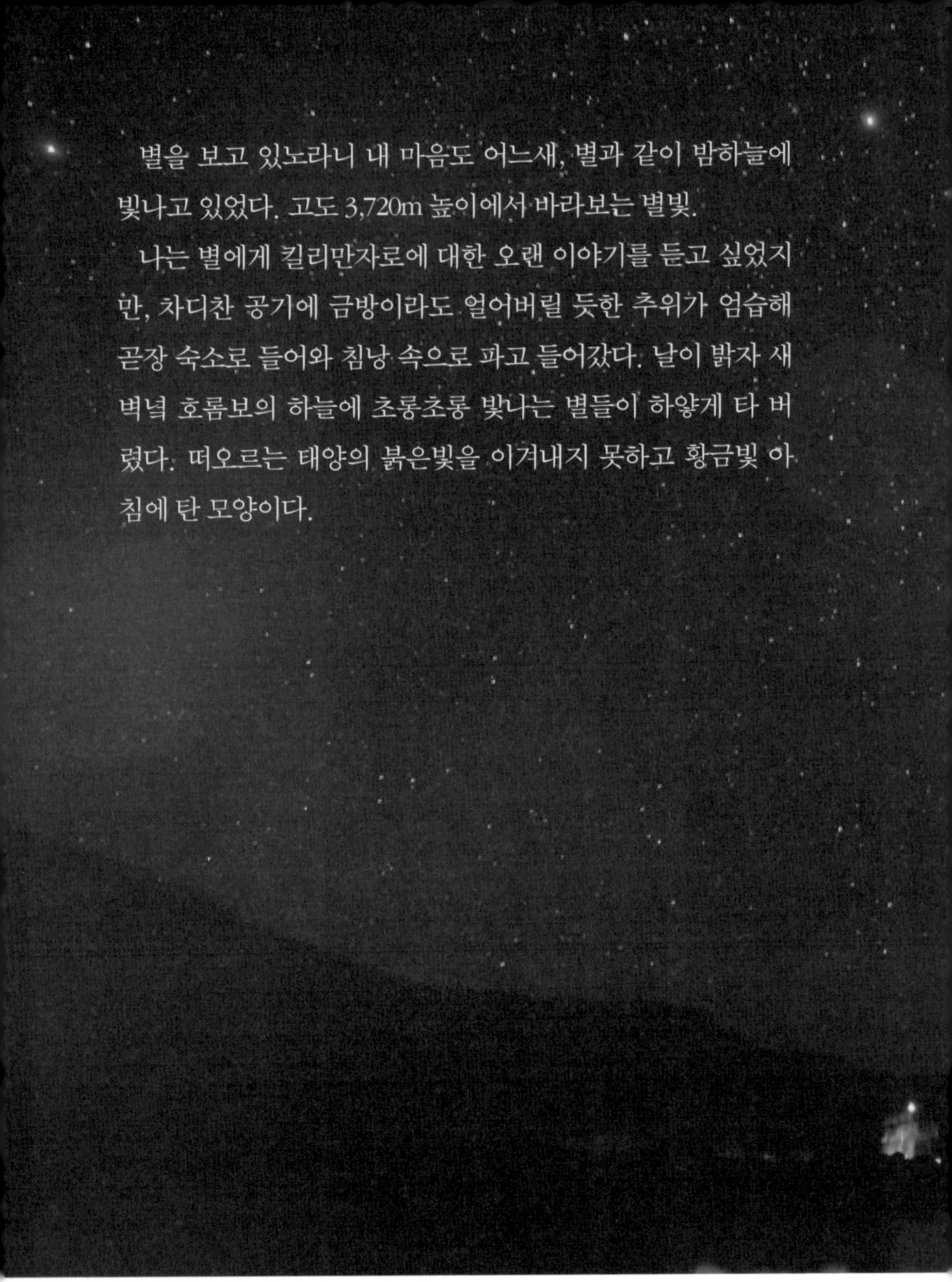

호롬보 밤

어깨 춤

가이드 설명을 받아 적고 있는 모습

오늘은 고소 적응을 위한 예비 일로 장비 점검 및 등반을 위한 최종 점검하는 날이다. 그래서 느지막이 마웬지산 '제브라 록(4,050m)'까지 올라가기로 했다.

킬리만자로의 중심부에는 키보(Kibo), 마웬지(Mawenzi), 시라(Shira)의 3개 봉우리가 있다. 하지만 시라봉은 격렬한 화산 폭발로 정상이 내려앉은 후 침식 작용으로 더욱 깎여 버렸다고 한다. 마웬지봉 정상은 두 번째로 오래되어 침식 작용이 심해 깎아지른 벼랑을 이루고 있는데 우리는 멀리서 바라보기만 했다. 세 개의 봉우리에는 전설이 내려오고 있다.

옛날에 키보와 마웬지라는 형제가 살고 있었다. 게으른 마웬지는 늘 형인 키보에게 와서 불씨를 빌려달라고 했다. 어느 날, 마웬지가 하루에 세 번씩이나 불을 꺼트리고 불을 빌리러 오자 화가 난 키보가 마웬지 머리를 후려 쳤다고 한다. 그 이유로 지금처럼 마웬지의 정상이 찌그러졌다는 이야기다.

'제브라 록'은 바위가 얼룩진 게, 마치 얼룩말 같다고 하여 '얼룩말 바위'라고 부른다. 산장에서 그곳까지는 4km지만 왕복 4시간이 걸린다고 한다. 우리는 고소적응을 위해 천천히 그곳에 올라 잠시나마 추위도 고산병도 잊어보려고 다 함께 어깨춤을 추었다. 하지만 모처럼 주어진 여유도 지긋이 머리를 압박해오는 고산의 무게에 못 이겨 머리를 움켜쥐며 산장으로

얼룩말 바위

어깨 춤

내려와야 했다.

  그리고, 다시 숙소로 들어가 안정을 취했다. 산장 밖에서는 뭇사람들의 대화 소리로 시끌벅적했다. 아랍어와 영어로 말하는 사람들의 소리는 나에게 그냥 시끄러운 소리로 들릴 뿐이었다. 나는 어렵게 우리말이 통하는 사람들과 저녁 식사를 마치고 눈을 감아 보았다. 하지만 총총히 빛나는 별빛 아래 우후루 피크를 향한 도전을 방해하는 세찬 바람에 잠을 설쳤다.

세계에서 가장 높은 곳에 있는 키보 산장

킬리만자로 트레킹 4일째

2016년 12월 26일(일) 맑음

▶ 롯지에서 아침 식사 후
   - 호롬보 산장 (3,720m) – 키보 산장 (4,720m)
▶ 거리 10.1km / 8시간 소요   – 고소 적응하면서 매우 느리게 산행
▶ 고도차: 980m
▶ 오후 5시, 키보 산장 도착 후, 정상에 가기 위한 배낭 정리 및 휴식
▶ 22시까지 휴식 및 취침
▶ 22시 기상 후, 고소 적응에 도움 되는 식사
▶ 개별 준비 필수품, 헤드랜턴(최소 10시간 사용 가능해야 함)
   그리고 고단백 비상식량(육포, 초콜릿 등)
▶ 23시 야간산행 시작(체온 보호 철저히 할 것)
▶ 식사 : 조식– 취사식, 중식– 행동식, 석식– 마늘죽
▶ 호텔 : 키보 산장 (다인실)

아침 체조

킬리만자로山 트레킹 4일째 날이 밝았다. 밤새 불어대던 거친 바람은 우후루피크도, 마웬지산도, 하얀 눈으로 덮어 사방이 온통 하얗게 쌓여 여행자의 마음을 설레게 했다. 우리는 간단한 스트레칭으로 몸을 풀고 오전 7시, 호롬보 산장을 출발하여 키보 산장(4,720m)으로 가는 길에 발을 내려놓았다.

나는 무거워진 몸을 이끌고 한발 걸음에 들숨 쉬고 한발 걸음에 날숨 쉬며 일행들과 함께 천천히 키보 산장을 향해 걸었다. 높이 3,720m에서 출발하는 만큼 고산도 걱정인데, 바람이

호롬보 출발

차기 때문에 보온에 더욱 신경을 써야 했다. 날씨가 춥고 보온을 제대로 못 하면, 고산병은 빨리 올 수 있기 때문이다. 호롬보 산장을 뒤로 하고 낮은 언덕을 넘어서자 마치 드넓은 평원에 큰 나무는 전혀 볼 수 없었다. 키 작은 나무들 사이로 펼쳐지는 선인장 모양의 세네시오 tree가 군락을 이루고 있어 또 다른 아름다움과 신비로움을 주었다.

나는 출발하면서부터 몇 번이고 긴 호흡을 토해내며 온 힘을 다해 쓰러질 듯 비틀거리며 고개를 들지도 못하고 땅만 보고 걸었다.

걷다가 쉬고, 또 걷다가 쉬기를 수없이 반복했는데도 한자리에서 빙글빙글 제자리걸음만 하고 있는 듯이 주변은 크게 변하지 않고 있었다. 내가 힘겨워하자 현지 가이드 실바노가 배

호롬보에서 키보

낭을 받아 주었다. 배낭을 벗어주고 나자 몸은 좀 가벼워졌지만, 여전히 비틀거리는 것은 마찬가지였다. 나는 밑바닥까지 내려간 체력을 끌어 올리기 위해 초콜릿 하나를 입에 물었다. 그리고 실바노가 불러주는 노래 음률에 맞춰 여행자들이 쉬어가는 마지막 화장실이 있는 곳까지 오자 봉순 대장이 우리도 여기서 잠시 쉬어가자고 제안했다. 몸이 무겁고 된비알이 된 건 나뿐만 아니라 일행들 모두가 겪는 고통이라 우리는 충분한 휴식을 취하기로 했다. 내가 봉순대장과 같은 의자에 앉아 쉬고 있을 때, 까마귀 한 마리가 날아와 '까악~ 까악~' 힘내라고 눈을 맞추었다. 우리 일행 중 다른 한 분은 구토가 심해져

화성 어디엔가

습지

64　느린 발걸음에 담긴 아프리카

봉순대장과 함께(우측 봉순대장)

한참을 그 자리에 누웠다가 출발하기도 했다.
　휴식 시간이 길어지고, 어디가 능선인지 어디가 길인지 구분을 할 수 없을 만큼 넓게 펼쳐진 평원平原 같은 능선 사이로 작은 도랑에 물이 흐르고 있었다.
　그것은 마치 킬리만자로 빙하가 녹아 물이 흐르고 있다는 것을 증명이라도 해 주는 듯했다. 우리는 서로에게 할 수 있다는 용기와 희망의 메시지를 주고받으면서 이를 악물고 다시 일어났다. 오로지 정상에 오르겠다는 한 가지 신념信念으로 터벅터벅 가이드를 따라 걸었다. 습지를 지나자 이제 나무는 찾아볼 수가 없다. 고도가 점점 높아지면서 풀도 나무들도 사라져 갔다.

나무 사라짐

길

66   느린 발걸음에 담긴 아프리카

사방을 둘러봐도 풀 한 포기 없는 황량하고 끝없는 벌판에 이름 없는 돌멩이가 잿빛 흙에 굴러다닐 뿐, 주변에는 그렇다 할 만한 이야기를 찾아볼 수 없었다. 갑자기 발아래 어디선가 삭막한 화산재가 시커먼 잿빛 구름을 따라와 아침햇살을 단숨에 삼켜버렸다. 길 위에 깔린 돌멩이들은 비현실적인 삶으로 바람과 함께 내 피부에 와 부딪혔다. 지금까지 느껴보지 못한 대자연의 신비를 느끼기에 부족함이 전혀 없었다.

내 눈앞으로 지나가는 잿빛 구름은 둥글고 넓적한 돌 위에 나의 발목을 잡고 나를 앉혔다. 그러자 봉순대장이 눈치를 챈 듯 일행들을 그 자리에 세웠다. 점심때가 된 모양이다. 동행하던 남 가이드는 어머니가 한국에서 직접 만들어 주셨다며 배낭에서 뭔가를 꺼내더니 우리 입맛에 맞는 행동식 초밥을 만들어 주었다. 힘들고 지쳐 입맛조차도 없었는데, 새콤달콤한 한국식 초밥은 바닥으로 깔려 있던 체력을 끌어 올리는데 최고의 음식이었다. 어디선가 까마귀 떼들이 몰려와 우리 곁을 빙빙 맴돌고 있었다.

얼마나 걸었을까! 잿빛하늘을 뚫고 나타난 햇살에 나의 그림자가 길게 늘어질 때 멀리 쉬라 봉(4,005m)과 메루산이 보이고, 주변은 온통 황무지 지형으로 바뀌었다. 까무잡잡한 큰 바위와 작은 돌로 이루어진 이런 곳에는 도저히 식물이 자랄 수 없는 환경이었다. 식물이 없으니 광합성작용이 부족해 산소공급이 되지 않아, 몸은 점점 무거워져 갔다. 나는 긴 호흡을 토해 낸 후, 눈을 감고 잠시 돌에 기대어 자리에 누웠다. 누군가 자연 속에서는 바람 앞에 가지 말고 거북이처럼 걸어야 자연의 위대함을 느끼고, 침묵하면 자연의 소리를 들을 수 있다는 말이 생각났다. 하지만 평지 같은 황무지에서 귓가에 들려 오는 건 일행들이 내뱉는 억억거리는 소리와 귓볼을 때리며 지나가는 찬바람 외엔 아무 소리도 들리지 않았다.

나는 감았던 눈을 살며시 뜨고 주변을 살폈다. 주변은 온통 화산재가 변한 작은 돌밭 뿐이었다. 마치 내가 지구가 아닌 외계에 온 듯 비정하고 황량한 화성 어디쯤 와 있는 듯했다.

하늘은 차디찬 바람과 함께 화산 접근을 거부하듯 지천에 안개로 가득 채우는 길에서 산소부족으로 두통을 호소하는 사람을 외발 손수레에 태워 후송하는 팀도 만났다.

길

고산 등반 시 도중에 고산병을 느끼면 무조건 하산을 해야 한다. 그렇지 않으면 호흡곤란과 폐부종으로 목숨을 잃기도 하기 때문이다. 고산병이 심하면 그동안 킬리만자로山을 향해 꿈꾸며 걸어왔던 노력과 수고가 한순간에 물거품이 되고 말기 때문에, 킬리만자로山 트레킹을 하기 위해서는 먼저 출발하기 전에 계획을 세우고 계획을 달성하기 위해서는 충분한 운동으로 체력을 길러내야 그나마 고산에서 버텨낼 수 있다. 나는 긴 호흡(복식호흡)을 토해내면서 걷다 쉬고, 또 걷다 쉬면서 엄마에게서 먹었던 마지막 한 방울의 젖 먹던 힘까지 최선을 다했다. 평소 어떤 일도 겁내지 않고 '하면 된다'는 신념으로 자신감과 도전은 최고의 성공 비결로 알았던 나의 인생철학은 이곳 킬리만자로山에서는 절대 통하지 않는다는 것을 알았다.

자신감만 가지고 킬리만자로 트레킹에 도전한다면 고산병이라는 녀석에게 큰 화를 입을 수 있다. 이름 없는 돌과 시커먼 바위 끝에 나는 머리를 숙이고, 인간은 자연에 맞서기보다 순응하며 살아야 한다는 교훈을 다시 한번 실감했다. 그리고 산행에서 만큼은 자신만만하게 교만했던 나는 대자연 앞에서 숙연해졌다.

키보 산장은 높이 4,720m로 세계에서 가장 높은 곳에 있는 산장으로, 킬리만자로山을 오를 때 쉴 수 있는 마지막 산장이다. 다행히 하늘은 맑았다. 머리가 곧 닿을 듯한 하늘을 머리에 이고, 된비알(아주 험하고 거친 비탈) 같은 길에 무거운 걸음을 호흡 하나에 걸음 하나, 걸음 하나에 호흡 하나를 길에 내려

길

키보를 앞에 두고

놓고, 손을 뻗으면 잡힐 듯한 키-보를 눈앞에 두고도 몇 번이나 쉬었다 가야만 하는 고산의 무게를 이겨내기는 결코 쉬운 일은 아니었다. 나는 바위에 등을 기대어 긴 한숨을 셀 수 없이 토해냈다. 머리를 압박해 오는 어지럼증은 고산병 증상이라는 것을 쉽게 느낄 수 있었기 때문에, 긴호흡을 토해내며 발의 무게를 이겨내려고 안간힘을 썼다. 하지만 한 굽이 돌아서면 멀어지다가 한 굽이 돌아서면 가까워지는 듯 키보 산장은 그 자리에 그대로 있었다.

마치 나의 체력을 시험이라도 하는 듯이 걸어도 걸어도 그 자리에 있는 듯했다. 나는 지금까지 살아오면서 겪어보지 못한 고통을 참으며, 해가 서쪽 하늘에 걸리고 어스름이 내릴 때쯤 키보 산장과 간신히 손을 잡을 수 있었다. 그리고 출발 전 병원에서 처방해 온 고산병에 견딜 수 있는 약 한 알을 꺼내 먹고 우후루 피크 도전을 위해 차디찬 공기 속에서 눈을 감았다.

키보

드디어 아프리카 최고봉
킬리만자로(5,895m)에 서다

킬리만자로 트레킹 5일째

2016년 12월 26일~ 27일 (일~월) 맑음

- ▶ 간단한 식사 후 정상 등반을 위한 산행 시작
  (야간산행 장비 및 방한구 지참)
- ▶ 아프리카 최고봉 킬리만자로산 일출 후, 09:00-정상(우후루 피크) 등정
- ▶ 코스 : 키보 산장(4,700m)- 한스 마이어 동굴(5,180m)-
  길만슨포인트(5,685m)-우후루 피크(5,895m)-
  길만슨포인트(5,685m)-키보산장(4,700m)-호롬보 산장(3,720m)
- ▶ 거리: 상행 6km/8시간 소요/고도차 1,195m
  하행 16km/6시간 소요/고도차 2,175
- ▶ 13:00 키보 산장 도착 후, 늦은 점심
- ▶ 18:00 호롬보 산장 도착 후 저녁식사
- ▶ 식사 : 조식-취사식, 중식- 행동식, 석식- 취사식
- ▶ 호텔 : 호롬보 산장 (다인실)

불빛

바람이 키-보를 흔들자 사람들의 웅성거림이 나를 깨웠다. 눈을 떠 보니 밤 10시였다. 남 가이드가 고산을 조금이나마 이길 수 있다며 마늘 죽을 끓여 나에게 주었다. 나는 입맛이 없었지만, 억지로라도 죽 한 그릇을 먹고 처음부터 배낭은 현지 가이드에게 맡겼다.(참고로 2명당 가이드 1명이 배정되었으니 난이도가 상·중·하 중 상이다.) 나는 내 몸뚱이 하나로 어둠속에서 헤드렌턴을 밝히며 우후루피크를 향해 내민 불빛에 줄을 이었다.

달은 휘영청 밝았다. 세찬 바람은 귓볼을 떼어가기라도 하듯이 차고 거칠었다. 앞에서 뒤에서 들려오는 숨소리마다 거칠었다. 두 무릎에 달아 놓은 헤드렌턴 빛 아래 나의 걸음은 제자리에서 떨어지지 않았다. 고도가 5,130m쯤에서 일행 중 두 명은 구토가 심해 결국 포기하고 내려갔다는 소식이 들려왔다. 어둠 속을 휘젓는 찬바람은 온몸을 파고들었다. 가슴압박으로 억억거리는 소리가 빠르게 내쉬는 호흡에 토해졌다. 나는 더는 발걸음을 뗄 수가 없었다. 모든 걸 포기하고 싶었다. 가슴을 조이는 고통이 나를 삼키며, 결국 고산은 나를 어둠 속에 앉혀 버렸다. 정신은 비몽사몽, 콧물과 눈물로 범벅이 되어 차디찬 바닥임에도 그대로 캄캄한 어둠 속 바닥에 눕고 말았다. 졸음이 쏟아졌다. 그건 단순한 졸음이 아닌 고산증으로 뇌에 산소 공급량이 부족해서 오는 졸음이었다. 그때, 킬리만자로 山을 다녀온 어떤 산악인의 글에서 봤던 말이 생각났다. 해발 5,000m 이상은 생명 한계선으로 어떤 생명체도 살아갈 수 없으며 뇌세포가 죽어가기 시작하는 존 death zone인 곳으로, 죽음의 지대라는 걸…. 고산에서 잠을 잔다는 건 곧 죽음을 의미한다. 그때, 시커먼 그림자가 내 앞에 섰다. 그리고 내 손을 잡았다.

나는 비틀거리며 시커먼 그림자가 내민 스틱을 잡자 '잠보잠보 폴레폴레' 한발 걸음에 또 한 발에 힘을 주며 그림자가 끄는 대로 끌려갔다. 아무것도 보이지 않는 암흑의 세계에서 무엇을 생각하고 어떤 꿈을 꿀 수 있단 말인가!

불빛

　한발 걷다가 기진맥진 다시 주저앉으면, 그림자는 보온병에 담아온 따뜻한 물을 따라 내 입 안으로 넣어주면서 잠보 송을 부르며 다시 일으켰다. 시커먼 그림자는 현지 가이드였다. 캄캄한 어둠 속에 주저앉은 불빛에서 들려오는 건 거친 숨소리와 온통 힘 빠진 고통의 신음뿐이었다.

　나는 배낭을 메지 않아도 보온병을 열어 물 마실 힘도 없어 주저앉기를 셀 수 없이 했지만, 포기하지 않고 걸음을 걷게 하는 현지 가이드의 마술에 걸려 능선에 도착했을 때, 어둠은 희미한 회색빛에 밀려나고 새벽은 우리 앞에 와 있었다. 능선은 길만 슨 포인트(Gilman's point)였다. 길만 슨 포인트는 해발 5,685m로 킬리만자로山 정상인 우후루 피크로 가는 능선의 첫 관문이다.

능선

추위에 앉아

　능선은 바람의 통로였다. 찬 공기와 바람은 그 자리에서 꽁꽁 얼어 버릴 만큼 추위는 사나웠다. 차다 못해 시리도록 시린 바람은 방한 모자를 쓰고, 두툼한 거위털 장갑과 옷을 겹겹이 껴입고 그 위에 방한복을 입었는데도 불구하고 두통이 심해졌다. 다리가 떨리고 현기증과 오한도 한꺼번에 몰려왔다. 자연의 변화무쌍함은 매몰차기만 했다.

가이드에 끌려가

나는 가이드가 끄는 스틱에 힘없이 끌려갔다. 그러다 안전장치 하나 없이 위험한 바위틈을 지나갈 때면 마치 죽음의 낭떠러지를 보듯이 아찔했다. 그곳에는 뭇사람들이 남기고 간 수많은 흔적이 추위에, 그리고 시린 바람에 꽁꽁 얼어 있었다. 이런 온갖 악조건을 갖추었기에 킬리만자로山은 사람들의 도전 열망을 더욱 자극하는 것일까?

스틱에 끌려 간신히 스텔라 포인트(5,756m)에 도착했을 때, 광활한 일출은 빛의 물결을 이루며, 킬리만자로의 거대한 빙벽에 부딪혔다. 하얀 빙벽에 부딪히는 빛의 소리에 나는 넋을 잃고 그대로 주저앉았다. 차디찬 몸뚱어리로 변해버린 나는 눈앞에 펼쳐지는 찬란한 빛의 물결에 눈물이 쏟아졌다. 이 광활한 빛을 보기 위해 죽을 둥 말 둥 몇 날 며칠을 걸어왔단 말인가?

탄자니아의 드넓은 초원 위에 우뚝 솟은 킬리만자로山은 아

빙벽

일출

프리카 최고봉이자 지구에서 가장 큰 휴화산으로 알려진 만큼 강추위와 매서운 바람, 날리는 흙먼지 그리고 초원, 열대 우림, 사막, 빙하까지 지구의 모든 환경을 이겨내야만 정상(우후루 피크)에 설 수 있다고 했다. 그런데 이제 꿈에도 그리던 우후루 피크가 내 눈앞에 있었다.

  나는 가슴이 쿵쾅거리며 빠르게 뛰는 심장 소리를 들으며, 가이드가 잡아주는 스틱에 힘없이 무거운 몸을 일으키자 나의 도전은 어느새 아프리카 유일의 만년설봉 우후루 피크(5,895m)에 섰다.

정상

정상

　빛과 눈, 햇살이 함께 빛나는 킬리만자로山의 최고봉 우후루 피크!
　적도 위에 만년설, 자연이 빚어낸 신기루 같은 우후루 피크는 아마추어가 장비 없이 올라갈 수 있는 가장 높은 봉우리라 했던가!
　내가 정상에 왔다는 게 꿈인지 생시인지 실감이 나지 않았다. 킬리만자로를 생각만 해도 가슴 벅차고, 사진만 봐도 가슴이 울렁거렸는데, 나는 분명 킬리만자로 정상에 서 있었다.
　숨 가쁘게 뛰는 가슴에 태극기를 펴고 바람 앞에 섰다. 죽을 만큼 힘들게 올라왔던 기억은 어느새 머릿속에서 지워져 버리고 지금까지 살아오면서 이상야릇한 감정을 처음 느껴보는 순간이었다. 남 가이드가 종이와 펜을 주면서 집에서 응원하고 있는 가족들에게 꼭 살아 돌아가겠다는 말과 함께, 하고 싶은 메시지를 담아 전하라고 했다. 그리고 눈물과 콧물로 범벅이 되어 엉망인 나를 놀리기라도 한 듯 웃고 있었다. 나는 꽁꽁 얼어 주먹도 쥘 수 없는 손가락을 구부려 간신히 생각나는 단어 '사랑합니다.'라는 한 줄 글 외엔 아무 글도 쓸 수가 없었다.

킬리만자로 정상에 최초로 오른 사람은 1889년 10월 6일, 독일의 지리학자 한스 마이어(Hans Meyer)와 오스트리아의 산악인 루드비히 푸르셸러(Ludwig Purschller)라고 한다. 한스 마이어는 세 번의 시도 끝에 우후르피크에 올라 정상에 올랐을 때, 정상 부근에서 얼어 죽은 표범의 시체를 발견했다는 이야기도 전해지고 있다. 한국인으로는 최초로 등반한 사람이 1981년 전명철이 성공했다는 기록도 있다.

정신을 차리고 가수 조용필의 노랫말에 나오는 킬리만자로 정상 부근에서 얼어 죽은 표범 이야기가 생각나 표범을 찾아보았다. 주위를 아무리 둘러봐도 표범은 없었다. 표범을 이야기할 만한 소재도 보이지 않았다. 그렇다면 표범 이야기는 이야기의 상징이었을까?

나는 아무것도 없는 정상에서 외롭게 죽는 한이 있어도 가장 높은 곳을 향해 도전해야 한다는 메시지로, 삶에 실패하며 고통 그리고 죽음에 대하여 고민을 요구한 하나의 가설이었을 거라는 생각이 들었다.

헤밍웨이의 소설 속에 던져 놓은 킬리만자로의 표범 이야기는 오랜 세월 이곳을 지키고 있는 돌의 그림자만이 알고 있을

하산

것이다. 나를 삼킬 듯 무섭게 불어대는 사납고 시린 바람과 싸우며 가슴 앞에 폈던 태극기를 접으며, '등반의 완성은 살아서 돌아오는 데 있다.'라는 어느 산악인의 말을 떠올리며 하산을 서둘렀다. 나는 다시 가이드 힘에 업혔다. 길만 슨 포인트(5,685m)에서 내려다본 하산 길은 오금이 저려 왔다. 아무 생각 없이 불빛 하나에 몸을 의지하며 올라왔던 그 길은 하늘을 향해 뻗어 올라간 것처럼 꼿꼿하게 선 아찔할 만큼 천길 벼랑 끝이다. 벼랑 끝 가파른 언덕에는 절절한 고통의 흔적만이 화산재로 남아 바람에 날리고 있었다.

기진맥진 지친 다리는 힘없이 화산재에 푹푹 빠지며 비틀비틀 곧 쓰러질 듯 했다. 온 힘을 다해 일행들은 서로가 서로에게 의지하며 응원을 아끼지 않았다. 터벅터벅 검은 화산재 위를 걷는다는 게 결코 쉬운 일은 아니었다.

무엇보다 화산재가 바람을 타고 내려앉은 곳엔 제대로 길이 보이지 않아 그 위를 걷는다는 것은 고행의 연속이었다.

현지 가이드는 세계에서 가장 많이 킬리만자로山을 찾아오는 나라는 아메리카이지만 정상을 오르는 가장 많은 나라는 한국 사람들이라고 했다. 그만큼 한국 사람들은 '인내와 끈기와 도전정신이 강한 나라'라며 칭찬을 아끼지 않았다.

차다 못해 시린 공기도, 바람에 길을 덮던 화산재도 하산 길에는 어느새 낭만과 추억이 싹트고 있었다. 일행 모두가 화산재 위의 산비탈을 마치 썰매 타듯 내려와 키보산장에 도착했다. 우리는 산장에서 늦은 점심을 먹고 잠깐이나마 꿀잠을 자

하산 길

고 난 후, 다시 하산을 서둘렀다. 하산 길이라 고산의 고통은 심하지 않았다.

 일행 중 부산에서 오신 박 선생님이 배낭에 우리나라 태극기를 꽂고 미리 준비해 온 집게와 쓰레기봉투(다 쓴 양파망)를 꺼내 등산로에 버려진 쓰레기 줍는 봉사활동을 펼쳤다. 우리는 다 함께 등산로에 버려진 쓰레기를 줍기로 했다. 하지만 생각만큼 쓰레기는 많지 않았다. 등산로는 깨끗했다. 누군가 하산 길에 여유가 있는듯 '킬리만자로의 표범'을 흥얼거리자 모두가 따라 불렀다. '킬리만자로의 표범'은 가수 조용필이 부른 명곡이다. 가요계에 따르면 1985년 킬리만자로의 표범이 크게 히트하면서 탄자니아와 인연을 맺었다고 한다. 그리고 노래가 세상에 나온지 13년 뒤인 1998년 국빈 방한한 벤저민 음카파

화산재

쓰레기 줍기

당시 탄자니아 대통령이 '우리나라 명산을 알려줘서 고맙다'는 취지로 감사패를 수여한 후, 2001년에는 탄자니아의 문화훈장을 받았다고 한다.

당시 킬리만자로의 표범은 인간의 고독과 포부를 설산을 오르는 표범에 비유해 가요 문법으로 5분 23초에 달하는 긴 러닝타임과 장문의 내레이션이 포함되어 이례적이었다. 나중에 가수 조용필 씨는 노래 한 곡으로 탄자니아 홍보대사까지 얻는 명예를 가졌다는 신문보도를 본 기억이 아련하게 떠올랐다.

이런저런 생각으로 함께 거니는 일행들의 발걸음이 어느새 호롬보 산장에 도착했다. 그날 밤 호롬보 산장은 우리 일행을 꼭 안은 채 까만 어둠 속에서 덜커덩거렸다.

호롬보 산장에서 마랑구 게이트~모시

킬리만자로 트레킹 6일째

2016년 12월 28일(화) 맑음

▶조식 후, 호롬보 산장 출발
  - 코스: 호롬보 산장(3,720m)-만다라 산장-마랑구 게이트(1,970m)
  - 모시마을 도착
▶ 거리 : 20km / 7시간 소요
▶ 고도차 : 1,750m
▶ 마랑구 게이트 공원 사무소 도착
  - 하산 신고 후 등정 증명서 발급 (정상 등정자에 한함)
  - 중식 후 관리사무소로 이동
▶ 식사 : 조식- 취사식, 중식-행동식, 저녁-호텔식
▶ 호텔 : 스프링 랜드

하산 길

　호롬보 산장은 운해를 덮고 그림자 없이 아침 해를 맞이했다. 우리는 아침 일찍 호롬보 산장과 세네시오 tree(킬리만자르)를 등지고, 만다라 산장을 거쳐 마랑구(Marangu) 게이트까지 내려왔다. 이틀 동안, 그렇게 힘들게 오르던 산길을 하루 만에 내려오다니 고산을 오른다는 게 쉽지 않다는 걸 다시 한번 느끼게 하는 하산 길이었다. 하늘과 땅, 그리고 하산 길에 다시 만난 울창한 숲과 작고 앙증맞은 야생화에 모두가 아쉬운 작별을 하고 우리는 첫날 묵었던 마시마을 스프링랜드 호텔로 돌아왔다. 광활한 대지와 하늘을 가진 킬리만자로山은 어느새 나의 가슴속 한 곳에 달콤한 추억으로 젖어 들고 있었다.

살아서 꼭 한번은 가 봐야 한다는 아프리카 최고봉인 킬리만자로山.

그곳은 약 200만 년 전부터 여러 차례 복잡한 화산폭발로 용암이 겹치고 또 겹쳐서 평원 위에 거대하고 우뚝 솟은 모양이 되었단다. 원래 킬리만자로山은 케냐에 속한 땅이었는데 당시 영국이 지배하고 있었으며, 아프리카 최고봉인 킬리만자로와 두 번째 높은 산인 케냐산을 모두 가지고 있었다. 탕가니카(지금의 탄자니아)는 그녀의 조카인 독일 황제가 지배하고 있었는데, 산을 좋아하는 조카는 숙모인 영국 여왕에게 킬로만자로山과 케냐산 둘 중 하나만 달라고 조르자 조카를 사랑하는 영국 여왕은 킬리만자로가 탕가니카로 들어가도록 지도에 자를 대고 국경을 그어주었다. 킬리만자로山은 조카의 생일 선물로 탕가니카에 넘어갔으며, 케냐와 탄자니아의 국경도 이 일로 인해 결정되었다고 한다.

킬리만자로山은 가까이서 보는 것보다 멀리서 보는 것이 더 웅장하고 아름답다. 산기슭에부터 넓게 펼쳐진 평원 가운데 우뚝 솟아오른 그곳은 분명 영산이라 불리기에 전혀 손색이 없다. 근처에 용맹하기로 이름난 마사이 부족도 이 산을 신성시 여겨 오르지 않아 중턱에 사는 챠가 부족이 명맥을 유지할 수 있었다고 하는데, 챠가(Chaga) 족은 '산'이란 뜻의 '킬레마(Kilema)'와 '오르기 어렵다'는 의미인 '캬로(Kyaro-추위를 만드는 악마라는 뜻도 있음)'를 합쳐 '킬레마캬로'라 부른다.

19세기에는 탄자니아를 식민지배 했던 독일 사람들이 '킬리

쉼터

만샤로(Kilmansharo)'로 불렀지만, 아랍어와 스와힐리어를 사용하는 사람들이 '킬리만자로'로 부르면서 명칭이 굳어졌다.

킬리만자로山 정상부근은 하얀 빙하를 두르고 중간은 현무암과 용암지대로 화산재를 날리고 있다. 산 아래는 울창한 산림 습지대를 이루고 있어, 산을 좋아하고 도전을 꿈꾸는 사람들의 가슴속에 언제나 꿈의 세계로 남아 있는지도 모른다. 우리는 마랑구 게이트에서 하산 신고를 마치고, 킬리만자로 등반 증명서를 발급받아 가난한 도시락을 먹었다. 그리고 생과 사의 갈림길인 킬리만자로山 트레킹 성공에 자신을 희생하면서 끝까지 도전을 성공시켜 준 현지 가이드 7명, 그 외 35명의 스텝과 길 위에서 5박 6일의 동고동락同苦同樂하며 정들었던 시간과도 아쉬운 작별 인사를 했다.

차에

    5박 6일의 킬리만자로山 등반의 완성은 그들이 아니었으면 감히 꿈꾸지 못했을 것이며, 함께 불렀던 '잠보 송'과 '킬리만자로 송'은 우리 가슴에 오래오래 남아 있을 것이다.

    아무리 급해도 한국의 '빨리빨리'는 절대 통하지 않고, 오직 '폴레 폴레'만이 정상을 갈 수 있다는 것을 알려주고 있는 아프리카 최고봉인 킬리만자로山.

    평소 산을 즐기고 건강하다면, 전문 산악인이 아니어도 한 번쯤은 도전해 볼 만한 산이기에, 철저한 준비로 떠난다면 정상에 선 성취감으로 충분히 보상받는 산이 분명했다.

    하지만, 분명한 건 혼자서는 절대 오를 수 없는 산으로 없어서는 안 될 현지 가이드와 스텝들이 있어야 지금 내가 존재한다는 것이다.

'먹이를 찾아 산기슭을 어슬렁거리는
하이에나를 본 일이 있는가?
짐승의 썩은 고기만을 찾아다니는
산기슭의 하이에나.
나는 하이에나가 아니라
표범이고 싶다.
산정 높이 올라가 굶어서 얼어 죽는 눈 덮인
킬리만자로의 그 표범이고 싶다.

구름인가 눈인가 저 높은 킬리만자로
오늘도 나는 가리 배낭을 메고
산에서 만나는 고독과 악수하며
그대로 산이 된들 또 어떠리

— 조용필의 '킬리만자로의 표범' 중에서

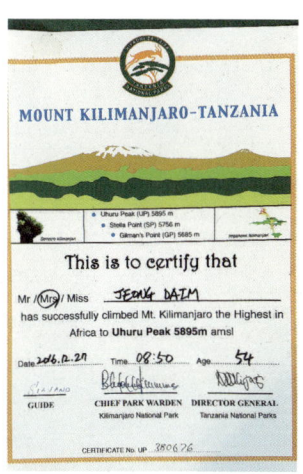

완주증명서

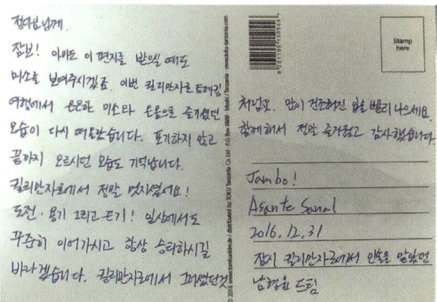

편지

제2부
아프리카를 대표하는 마사이족

마사이족 마을 방문

아프리카 여행 7일째

2016년 12월 29일(수) 맑음

모시마을 … 마사이족 마을…암보셀리 국립공원

    마사이족은 아프리카 동부 케냐와 탄자니아에 거주하는 유목민족이다. 인종은 '나일로트계' 흑인종이다. 언어는 나일 사하라 어족에 속하는 마사이어를 사용하고 있다. 남성과 여성을 모두 합친 평균 키는 177㎝로 매우 장신을 자랑하며 원래는 나일 사하라 어족의 샤리나일어군에 속하는 동수단어를 쓰는 사람을 가리키는 언어학 용어를 나타내는 말인데, 이것이 부족 명으로 굳혀진 사례다. 좁게는 케냐와 탄자니아에 걸쳐 있는 그레이트 리프트밸리 지역에 사는 유목 마사이족을 뜻하나 넓게는 케냐의 삼부루족, 탄자니아에서 반유목생활을 하는 아루샤 족과 바라 구 유족도 포함해서 나타내기도 한다. 여기서는 그레이트리프트밸리 지역에 사는 유목 마사이족에 대한 설명을 기재한다.

[출처: 나무위키]

마사이

  킬리만자로山의 트레킹을 마치고, 우리는 모시마을(탄자니아)에서 느지막이 아침을 먹고 일행들과 암보셀리 국립공원으로 가기 위해 약 2시간 버스를 타고 타라 케이 국경으로 갔다. (참고로 킬리만자로山을 갈 때는 케냐에서 탄자니아를 동쪽으로 내려왔고 국경은 '나망가'였다. 반대로 탄자니아에서 케냐로 가는 길은 서쪽에서 들어간다. 국경지대는 '타라케이'였다.) 우리는 그곳에서 출·입국 절차를 마치고 흙바람이 부는 도로를 2시간을 달려 케냐의 마사이족이 사는 한 마을을 방문했다.

  아프리카를 대표하는 마사이족 마을 투어는 탄자니아 여행을 꿈꾸는 사람들에게는 누구나 버킷리스트 중의 하나일 것이다. 우리 일행은 혜초여행사에서 파견된 한국 가이드 남형윤 대리와 함께 마사이족 마을 투어를 시작했다. 마사이 마을의

마사이부족

 또 다른 이름은 '보마'라고 한다. '보마'의 뜻은 '전통가옥과 가축우리'로 구성된 마사이족의 마을을 뜻한다고 한다.
 버스에서 내리자 빨간색이 많이 들어간 색의 옷을 입고 까무잡잡한 피부에 키가 큰 남성들이 하얀 치아를 드러내며 우리 일행을 반겼다. 목과 귀 등에는 주렁주렁 복잡한 구슬 장식을 달고, 어깨에는 화려한 망토를 하나씩 걸치고 한 줄로 서서 무슨 주문 같기도 한 노래를 부르며, 맨발로 껑충껑충 긴 몸을 허공 높이 폴짝폴짝 높이 뛰고 있었다. 나는 지금까지 이런 모습을 한 인종을 처음 보는 터라 무섭기도 하고, 한편 신기하기도 해서 가이드에게 물었더니 이 춤은 마사이족의 전통 공연으로 '아두무 춤(Adumu Dance)'이라고 했다. 일명 '점핑 댄스

마사이부족

(Jumping Dance)'라고 하며 이런 행동은 우리를 환영한다는 뜻이란다. 이 군무(群舞-여러 사람이 무리를 지어 춤을 춤)는 똑바로 선 채로 그 자리에서 50㎝까지 높이 뛰어 오르내리는 춤으로, 맹수로부터 생명을 보호하고 이성에게는 매력을 어필하는 춤이라 했다.

  춤의 특징은 두 다리를 모으고 무릎을 똑바로 편 다음 제자리에서 공중으로 솟는 동작으로 무릎을 절대 구부리면 안 된다고 한다. 함께 간 우리 일행들이 한 줄로 서서 따라 해 보기로 했다. 하지만 제자리 높이 뛰기란 생각만큼 쉽지 않았다. 두 세 번 하고 나니 숨이 차고 공중으로 뛰어 오르내리는 진동에 허벅지가 뻐근해졌다. 아두무 춤은 어려서부터 춤을 배

마사이부족

워 온 마사이족을 제외하고는 관광객들에게는 결코, 쉽지 않은 춤이었다. 마사이 부족의 문화적인 정체성 상징은, 남성은 '슈카'라고 불리는 빨간색 튜닉을 입고 어깨에 담요를 걸치고 수제 팔찌와 목걸이를 착용한다. 여성은 '카가'라고 불리는 다채로운 치마를 입고 목과 귀를 구슬과 화려한 보석으로 장식하는 독특한 복장이라고 한다. 우리가 방문한 마을은 자연스럽게 형성된 마을이라기보다는 왠지 관광업을 통해 돈을 벌어들이고자 관官과 민民이 협력하여 운영하는 것 같은 느낌이 들었다.

마사이족은 일부다처제

마사이족은 남성들의 중심사회이며, 모든 씨족은 남자들이 우선권과 결정권을 가지고 움직인다고 한다. 그래서 씨족외혼으로 남성이 복수의 부인을 거느리는 일부다처제를 이루고 있단다. 그 이유는 전사 청년 그룹은 소녀나 과부 등의 성접촉은 가능하지만, 전사의 임무를 다하기 위해서는 중년 그룹으로 갈 때까지 결혼할 수 없다고 한다. 공동체 내의 소년들은 전사

마사이부족

가 되기 위해 '에우노토(Eunoto)'라는 의례를 통과해야 한단다. '에우노토' 의식이란 젊은 마사이족 남성들이 전통의상을 입고 타조 깃털로 만든 의식용 머리 장식을 한 후, 여러 마리의 의례용 소 앞에 모여 의식용 황소 뿔을 잡고 행진할 때 나무에 올라가는 행위다. 마사이족 문화의 가장 흥미로운 것은 이 의식을 하는 동안 젊은 남성들은 포경수술을 받고 일련의 시험과 의식을 통해 그들의 용기와 힘을 증명해야 한단다.

그 때문에 젊은 전사들은 당연히 결혼이 늦어지고 반면에 여자들은 첫 월경이 있고 난 뒤, 할례와 성인식을 마치면, 결혼이 가능하여 결혼 가능한 인구 비율상 불균형이 일어날 뿐아니라 또 다른 이유는 혼수 문제라고 했다. 신랑은 신부 측에 가축이나 금품을 혼수로 주어야 하는데 청년들은 능력이 없고 중년들은 재산이 있으므로 일부다처제가 가능하단다.

또한, 마사이족의 계급사회는 10년을 단위로 하는 연령집단

마사이부족

인데, 같은 연령대끼리 같은 계급의 구성원이 된다고 한다. 예를 들어 50년생은 59년생까지, 60년생은 69년생까지 이 안에서는 계급이 동등하며, 같은 연령집단에 속한 남자들끼리 아내를 빌려주는 풍습이 있단다. 이 풍습 때문에 에이즈에 걸리는 경우가 많다고 위키백과에서도 설명하고 있다.

 마을은 끝없이 넓은 텅 빈 벌판에 군데군데 움집으로 만들어진 집채가 몇 채씩 어우러져 있었다. 하지만 집집마다 대문은 보이지 않았다. 마을 한가운데 나무로 얽힌 울타리가 쳐져 있었고, 울타리를 사이에 두고 흙으로 지어진 움집들이 울타리가 보이지 않도록 빙 둘러 있었다. 울타리 안에는 가축4을 기른다고 한다. 추장의 두 번째 부인이 우리 일행을 데리고 마을 곳곳을 안내해 주었다. 이 마을은 움집이 11채로 전체 인구는 110명이라고 했다. 집 하나당 한 명의 아내가 살고 있으며, 두 명의 추장이 11명의 아내를 두어 한 마을을 이루고 있다고 한

다. 흥미로운 건, 남자는 집이 없다고 하며, 매일 밤 집을 옮겨 다니면서 잠을 잔다고 한다.

부인의 안내를 따라 집 안으로 들어가자 이상한 냄새가 코를 찔러 인상을 찌푸리자 집을 지을 때, 소똥을 섞어 지어서 그런다고 가이드가 웃으면서 설명을 덧붙였다. 소를 사육하는 마사이족에게는 소똥은 쉽게 구할 수 있는 건축자재라는 설명을 듣고 나니 냄새가 나는 걸 이해할 수 있었다. 소똥에는 섬유질이 들어 있어 우기에도 비바람을 충분히 견뎌내며, 기온이 떨어져 추워지면 건물재료로 썼던 소똥을 뜯어 불을 피워서 요리를 위한 연료로 쓴단다. 움집은 흙과 나뭇가지와 쇠똥을 섞어 땅에서 지붕까지 약 2m 내외로 토담집으로 짓는다고 한다.

출입구는 비좁게 허리를 구부리고 머리를 숙여야 들어갈 수

있었다. S자 모양의 통로를 따라 들어가자 거실과 부엌이 있었고, 방은 거실에서 연결되어 있었다. 통로가 S자 모양으로 꼬부랑 한 것은 출입구에 문이 없으므로 야생동물의 침입을 방지[防止]하기 위한 것이며, 또 다른 이유는 이 마을에 사는 사람들이 누구든지 언제라도 자유롭게 드나들 수 있게 하기 위한 것이라 했다.

집안은 불빛 하나 없이 캄캄했다. 나는 어둠 속에서 빛을 찾기 위해 잠시 눈을 감았다가 떴다. 희미하게 보이는 공간에 부엌에는 타다 남은 재에 불꽃이 남아 있었고, 손바닥 크기만 한 작은 창문으로 빛이 들어와 조금씩 실내가 보이기 시작했다. 그리고 어둠 속 방안에는 찢어진 침대가 놓여 있었는데 안내를 하던 마사이족 부인은 '소牛가죽침대'라고 자랑했다. 이렇

불빛

게 움집을 지을 때도 기능적일 뿐 아니라, 복잡하게 만들어 그들이 살아가는 방식으로 생활의 지혜와 사랑을 보여주고 있었다. 마사이족 문화의 특징 중 하나는 만야타(Manyattas)로 알려진 전통 주거지였는데, 아프리카 황무지에 가혹한 조건을 견딜 수 있도록 지역사회의 여성들에 의해 설계된다는 것이다. 남자들은 주로 사냥하며 집안 관리는 여성들의 몫이라는 점에 그들의 생활사는 우리와 많이 달랐다. 이렇듯 그들은 여성과 남성의 역할, 성별과 나이에 따라 역할이 확실하게 정해져 있었다. 그래서 이들 사회는 평등하여 노예가 없고 자존심이 강해 노예로 잡혀가면 스스로 목숨을 끊는 경우가 많다고 한다.

마사이족의 생활사

집 구경이 끝나자 마사이족 여성들은 마당 한 귀퉁이에 진열된 수공예품을 우리 일행들 목에 하나하나 걸어주며 손을 내밀었다. 순간 당황하자 가이드는 마을에 관광객이 들어오면 여성들은 화려한 장신구를 가져다 시장을 열어 그곳에서 수입이 생기면, 그 수입으로 생활한다고 설명을 해 주었다. 나는 하나 살까 말까 망설이자 마을 안내를 해 주던 추장의 두 번째 부인이 내 목에다 목걸이를 걸어주며 손짓으로 "beautiful beautiful"이라면서 팔을 잡아당기며 손을 내밀었다. 손을 내민 것은 돈을 달라는 것이었다. 나는 아프리카 방문기념품으로 우리 돈 1만 원을 그에게 주었다. 그러자 활짝 웃으면서 고개를 끄덕이며 내 손을 잡고 알아듣지 못하는 언어로 노래를 부르며 또 하나의 목걸이를 목에 걸었다. 나는 "NO"를 거듭했지만, 그냥 가지라는 듯이 고개를 끄덕이며 소통을 해 주었다.

마사이부족

　큰 나무 아래 나이가 많아 보이는 남자 마사이족들은 원시적인 방법으로 부싯돌을 이용해 불을 피우는 장면을 시연해 주었다. 하지만 부싯돌로 불을 피우기는 쉽지 않았다. 몇 번이고 시도한 끝에 연기가 나고 불꽃이 튀기 시작하자 우리는 박수를 아끼지 않았다. 과연 불의 발견은 이들에게 어떤 변화가 있었을까!

　인간이 오늘날 우리와 같은 모습으로 발달할 수 있었던 까닭처럼 문명도 시대에 따라 변하듯이 그들과 생활사는 다르지만, 우리의 구석기시대에서 신석기시대를 맞이한 것처럼 그들도 여러 변화 중 으뜸은 생식生食에서 화식火食으로 바뀐 것이 아닐까!

　불 피운 것에 성공한 마사이족은 전통적인 그들의 춤과 노래를 부르며 남자들은 막대기 하나씩 들고 높이뛰기를 하자 여자들은 마사이족들의 특유한 걸음걸이로 노래를 부르며 마을을 순회하였다. 우리는 그들의 뒤를 따라 걸음을 배워보려 하였지만, 뜻대로 되지 않자 다 같이 한 줄로 세워 그 마을에서 가장 나이 많은 추장이 나와 시범을 보여주었다. 남자들이 평상시 사냥을 하기 위해 그 넓은 평원을 긴 막대 하나만 들고 다니면서 그들이 필요한 만큼만 사냥하여 먹고, 남겨 두는 것은 내일을 준비하는 그들만의 철학이라고 했다. 그들은 결코 자

신들이 자연을 지배한다고 생각하지 않는다고 한다. 이런저런 이야기를 가이드로부터 전해 듣고 나는 그들의 철학에서 자연과 더불어 자연의 한 부분으로 살아가고 있다는 것을 알 수 있었고, 자연에 대한 겸손과 감사함이 넘쳐 보였다.

마사이족의 교육

 마을에서 조금 떨어진 허허벌판 한 곳에, 작은 건물 하나가 덩그러니 있었다. 그곳은 학교라고 소개했다. 건물 옆에는 큰 나무(아카시아) 한 그루가 먼지를 둘러쓰고 서 있었다. 안내를 해 주던 추장의 두 번째 부인은 웃으면서 옛날에는 교육을 받

지 않은 아이들이 많았으며, 시설이 없어 나무 밑에서 수업을 받았다고 설명했다. 하지만 요즘은 시설이 좋아 실내에서 공부를 할 수 있다며, 교육의 중요성을 깨우쳐 학교에 다니는 아이들이 많아졌단다. 참고로 케냐에는 42개 민족이 살고 있으며, 공통어는 스와힐리어와 영어를 사용하고 있는데, 같은 민족 간에는 독자적인 언어를 사용하기도 하며, 그 수가 60개 이상에 이르는 다민족 국가라고 했다.

이곳 학교에서는 3살에서 10살까지 다닐 수 있는데, 3가지 언어를 배운 후, 10살이 넘어가면 시내에 있는 학교로 간다고 했다. 텅 빈 줄 알았던 건물을 따라 걷다가 컴컴한 교실 뒤쪽에서 열심히 책을 보고 있는 한 소녀를 보고 깜짝 놀라자 안내를 해 주던 추장 두 번째 부인은 소녀를 보고 무언가 이야기를 하고 나서 통역을 해 주었는데, 그 소녀는 교사를 꿈꾸고 있다면서 방학인데도 불구하고 4km가 넘는 길을 걸어 날마다 학교에 와 하루 7시간씩 공부를 하고 간단다.

부인은 소녀에게 "하쿠나 마타타!(다 잘 될 거야)"라고 하며 머리를 쓰다듬어 주었다. 여기저기 깨진 유리창으로 교실 안은 빛으로 가득 찼다.

소녀는 보던 책을 덮고 잠시 우리를 주시했다. 얼마나 많은 글을 지우고 또 지웠을까! 푸른색 칠판이 희끗희끗하게 변해 버린 칠판과 군데군데 금이 가고 깨진 유리창이 알 수 없는 아픔으로 보는 이의 마음을 울렸다. 조금 시간이 흐르자 서너 명의 소녀들이 학교로 와서 각자 자기 자리에 앉았다. 집에 있으

남자 할례 후 훈련

면 집안일로 인해 공부를 포기하게 될 수도 있고, 할례[割禮]를 받을 수도 있으며 무엇보다 강제로 결혼할 수도 있다 하여 학교에 나온 것이란다.

마사이 사회에는 남녀 모두 성인이 되면 할례식을 갖는다. 특히, 가족의 명예를 지킨다는 명분으로 여성 성기의 일부 혹은 전부를 절제하는 할례(FGM)가 여전히 남아 있다. 지저분한 환경에서 녹슨 면도칼을 이용하여 할례를 치르기도 하는데 할례로 인해 감염, 만성 통증, 과다 출혈 같은 합병증을 얻거나 사망에 이르는 경우도 종종 있다. 케냐 정부가 이미 1990년에 불법으로 규정했고, 시민사회단체의 인식 개선 캠페인도 많았으나 케냐의 15~19세 여자아이 중 할례를 겪은 아동이 11%를 차지한다. 그리고 할례는 곧 성인식으로 여겨지고, 할례 이후 바로 결혼을 시키는 조혼도 많다고 한다. 케냐에서는 18세 이하 소녀의 결혼 비율이 32%에 달한다.

마사이부족 남자 청소년들은 16세가 되면 성인식의 하나로 할례를 받고, 2~3개월

제2부 _ 아프리카를 대표하는 마사이족

가족과 떨어져 살며 집단훈련을 받는다. 훈련이 끝나면 어른이 되기 위한 수행을 약 10년 가까이 하고 나서야 성인식을 하는데 집단훈련은 주로 사냥하는 법, 약초 캐는 법, 불피우는 법 등 그들만이 살아가는 생존법을 터득한다.

출처 : [위키백과]

   큰 키에 반짝거리는 검은 피부, 붉은 장식을 한 화려한 모습으로 아프리카를 대표하는 마사이부족. 그래서 그들은 16세에 사자를 잡는 용맹스러운 의식으로 수렵 생활을 하며 고유의 전통문화를 지켜가고 있는지도 모른다.

소를 빼놓을 수 없는 마사이족

또한, 그들이 유일하게 키우는 가축은 바로 '소牛'인데, 마사이족은 소를 부와 번영의 상징으로 여기며 깊은 관계를 맺고 있다. 주식은 소 젖이고, 소똥으로 집을 짓기 때문에, 소가 부와 권력을 상징한다고 했다. 가이드 말에 의하면 '소 50마리가 없는 남자는 가난한 사람으로, 부유한 남자 마사이족은 1,000마리 이상 소유'하고 있다니 말이다. 그래서 이들의 전통적인

생활방식은 목축을 중심으로 하며 반유목 생활방식으로, 계절에 따라 가축 떼를 다른 방목지로 이동한단다.

　마사이족은 소를 빼놓고는 이야기할 수 없다. 설화에 따르면 소는 마사이족만이 가질 수 있는 독점적 가축이라 하여 다른 부족의 소를 약탈해와서 키우거나 먹는다고 한다. 또한, 짐승의 피를 우유에 섞은 것이 주식인 만큼 소는 마사이족에게 있어 가축이 아니라 최고의 재산이며, 가족 수준으로 생각하고 있다고 하는데, 그 이유는 마사이족의 전통 설화와 관련이 있다.

마사이족의 전통 설화

옛적 태고시절 하늘나라에 마사이족이 살고 있었다. 아버지는 곧 하느님이요, 그들의 말로 '은가이(Ngai)' 즉, 신神이라고 불렀다. 어느 날 아이들이 하늘나라에서 지상을 내려다 보았다. 그들은 지상의 세계가 매우 아름다워 가보고 싶은 충동을 느꼈다. 지상을 동경한 나머지 아이들은 아버지 은가이 신에게 허가를 받았다. 이렇게 하여 한 집단이 밧줄을 타고 천국에서 지상으로 내려왔다. 그러나 은가이 신은 아이들에게 명령하였다.

"너희가 지상에 내려가되 결코 다른 동물을 죽이거나 잡아먹어서는 안 된다. 그래서 나는 너희들과 함께 하늘나라에서 소와 양과 염소를 내려보낸다. 이 짐승들을 길러 그 젖을 먹고 살아야 한다. 내 명령을 거역하고 다른 동물을 해치거나 잡아 먹어서는 안 된다."

아이들은 아버지의 명령에 "예, 잘 알겠습니다"라고 대답하고 밧줄을 타고 지상으로 내려왔다.

그러나 며칠이 안 되어 아이들은 은가이 신의 명령을 어기고 어느 날 그만 사슴 한 마리를 잡아먹고 말았다. 하늘나라에서 이를 지켜보던 아버지 은가이 신은 격분했다.

"저놈들이 내 말을 거역하다니…" 하면서 하늘나라에서 타고 내려간 밧줄을 잘라버렸다. "너희 놈들은 아버지와의 약속을 어겼다. 너희들은 사슴을 해친 죄로 하늘나라로 다시는 돌아올 수 없는 벌을 받을지어다." 이에 놀란 아이들은 은가이 신에게 용서를 빌었다.

"아버님, 제발 한 번만 용서해 주십시오. 우리가 잘못했습니다. 다시는 다른 짐승을 잡지 않겠으니 하늘나라로 돌아갈 수 있도록 밧줄을 내려주소서." 그럼에도 은가이 신의 분노는 가라앉지 않았다. 결국 "너희는 이대로 하늘에 되돌아올 수 없다. 다만 내가 함께 내려보낸 소와 양과 염소를 너희가 지상에서 열심히 길러 내가 만족할 만큼 그 숫자가 증가했을 때, 나는 너희들이 하늘나라로 되돌아올 수 있도록 밧줄을 내려줄 것이니라."

출처: [나무위키]

제3부
암보셀리 국립공원

《암보셀리 국립공원》

리프트 밸리 주(州)의 카지아도(Kajiado) 지역에 있는 국립공원으로 본래의 명칭은 마사이 암보셀리 야생 보호 구역(Maasai Amboseli Game Reserve)이었다. 케냐의 수도인 나이로비 Nairobi로부터 남동쪽으로 약 240km정도 떨어진 곳에 해발 1,070m 고지에 위치한다. 이 지역의 독특한 생태계를 보전하기 위해 1906년부터 보호 지역으로 관리됐으며, 1974년 국립공원으로 지정되었고, 1991년 유네스코에서 지정하는 생물권 보전 지역으로 선정되었다. 면적은 392㎢ 마사이마라 국립보호구보다 작다. 암보셀리는 5,895m의 킬리만자로산(Mount Kilimanjaro) 봉우리의 하얀 눈과 사바나 열대 초원의 아프리카코끼리의 생경한 모습을 한눈에 감상할 수 있는 최적의 장소로 유명하다. 국립공원 내부에는 국립공원 내부에는 마사이족과 다른 지역 출신의 이주민들 일부가 정착해 있다.

암보셀리는 평원, 아카시아 숲, 가시나무 수풀이 자라는 용암지대, 늪지대, 초지, 호수, 경사 지대 등으로 구성되어 있다. 늪지대에는 물새, 펠리컨, 물총새, 뜸부기 등 약 400여 종의 조류와 아프리카코끼리, 버팔로, 임팔라, 사자, 하이에나 등 다양한 야생동물들이 서식하고 있다. 킬리만자로산(Mount Kilimanjaro)의 절경이 한눈에 들어오는 이 국립공원은 아프리카에서 코끼리의 생활 모습을 가장 가까운 곳에서 관찰할 수 있는 곳으로 유명하며, 국립공원 내부에 조성된 마사이족 마을도 방문할 수 있다.

출처: [네이버 지식백과]

아프리카 여행 8일째

2016년 12월 30일(목) 맑은 후 약간의 비
야생동물의 낙원 암보셀리 국립공원

아카시아 나무

 우리가 탄 버스는 시커먼 연기를 내뿜으며 끝이 보이지 않는 비포장길을 달렸다. 차창 너머로 뿌연 먼지 속에 도로를 배회하는 사람들이 보이기도 하고 소들이 떼를 지어 이동하는 모습도 보였다. 키가 큰 나무 아래에 기린이 긴 목을 내밀어 나뭇잎을 따 먹는 모습이 자유로워 보였다. 기린이 먹고 있는 나뭇잎은 아카시아 잎이라고 했다.
 나는 '아카시아'와 '아까시나무'가 다르다는 걸 익히 알고 있었지만, 아카시아는 처음 본다. 그리고 기린이 아카시아 잎을 좋아한다는 것도 처음 알았다.

> **Acacia 나무**
> 아카시아 속에 속하는 970여 종의 상록 관목 및 교목의 총칭이다. 948종이 오스트레일리아 원산이며, 10종이 아시아 열대 지역에, 7종이 태평양의 섬들에 분포한다. 1~2종은 마다가스카르에 있다. 꽃말은 '비밀스러운 사랑'인데, 이런 꽃말이 붙은 이유는 옛날 호주 원주민들이 구혼 시 이 꽃을 선물로 주는 관습이 있었기 때문이다. 남자가 좋아하는 여자에게 이 꽃을 바쳤을 때, 여자가 꽃을 말없이 받아들이면 프러포즈가 성사된 것으로 간주해 부부가 되었다고 한다.

한국에서 흔히 부르는 '아카시아'는 사실 미국 원산의 '아까시나무'로, 이 항목의 아카시아 속 식물과 같은 과에는 속하나 아과 수준에서 갈라진다. 한국 동요 중 하나인 '과수원길'에서 아카시아꽃 하얗게 핀… 운운하는 게 이 아까시나무랑 혼동하기 때문. 실제 아카시아는 노란 꽃이 피며, 아까시나무에서 하얀 꽃이 핀다. 다만 흔히 쓰인다는 이유로 <표준국어대사전>에는 아카시아를 다르다는 말없이 아까시나무를 흔히 이르는 말로 인정을 해버러서 비판받기도 한다.

출처: [나무위키]

야생동물의 낙원

　버스가 지나간 자리엔 먼지가 수북이 쌓였다. 암보셀리 국립공원은 킬리만자로山의 눈 덮인 봉오리와 아프리카 황야가 만나는 비현실적인 풍경으로 매우 독특하고 아름다운 배경으로 내 시야에 들어왔다. 면적은 3,900제곱 킬로미터로 제주도의 두 배 면적이라고 한다.

　공원 입구에 들어서자 타조가 무리를 지어 다니는 모습과 텔레비전에서만 보았던 와일드비스트가 따그닥 거리며 지나가는 광경이 신기하기만 한데, 누를 직접 보는 건 처음이다.

흥미로운 암보셀리

　우리는 암보셀리 공원 내에 있는 Amboseli Serena Safari Lodge(암보셀리 세라나 사파리 로지)호텔로 들어갔다. Amboseli Serena Safari Lodge(암보셀리 세라나 사파리 로지)는 입구부터 이동하는 동선에 따라 그림과 장식품, 그리고 자연을 살려 아프리카를 잘 표현하고 있었다. 실내공간의 쉼터에도 아프리카 문화와 생활을 잘 이해 할 수 있도록 실내장식에도 신경을 많이 쓴 것 같았다.
　숙소에 여행의 여정을 풀어놓고 오후 4시 사파리 투어를 시작했다. 어디가 시작인지 어디가 끝인지 알 수 없는 황량한 사막 위에 펼쳐지는 야생동물의 삶의 터전인 이곳은 카메라를 대는 곳마다 한 폭의 그림이다.

사파리 투어

사파리 투어

   지구온난화로 인해 킬리만자로산 빙벽이 녹아내려 물이 땅속으로 흐르다가 암보셀리 평원에 솟아 자연스럽게 만들어진 습지가 야생동물들의 낙원이 되었단다. 물풀 속에서 간간이 드러나는 하마의 등위에 하얀 새가 날아와 앉아 있는 모습을 보고 사파리 복장을 한 가이드는 "언젠가는 이 야생의 낙원은 거대한 호수가 될지도 모른다"라고 했다. 공원은 곳곳에 구멍이 숭숭 뚫린 화산탄이 널려 있고 제주도 오름처럼 생긴 작은 언덕들도 눈에 들어왔다.

   우리는 누모티오 언덕에 올라 끝없는 광야를 내려다보았다. 암보셀리 평원이 발아래로 펼쳐졌다. 나는 롯지에서 준비한 커피 한잔을 들고 동물들을 쫓는 사파리 차량을 바라보며 킬리만자로山을 가린 구름 베일이 벗겨지기를 기다렸다. 그리고 그곳에서 불어오는 바람을 느껴보았다. '바람처럼 왔다가 이슬처럼 갈 순 없잖아' 킬리만자로의 표범 노랫말이 입안에서 맴

돌았다. 누모티오 언덕은 아주 흔한 코끼리, 기린, 얼룩말, 하마, 누, 타조, 원숭이 등 다양하고 색깔도 고운 새들과 동물의 천국이다.

끝도 없는 들판에, 그곳을 채우는 많은 가축과 목동들, 마사이 마을에는 북적이는 사람들과 온갖 가축들이 함께 살아가고 있다. 공생이 되었든 관광이 상품이 되었든 사파리 투어는 아름다운 광활한 자연과 다양한 동물들로 가득 채워져 있었다. 나는 이들의 삶을 잘 볼 수 있는 여행은 아니더라도 아프리카의 아름다움을 기억하고, 그들의 삶에 관심과 애정을 갖고 살아간다면 충분히 그들을 이해할 수 있겠다고 생각하면서, 킬리만자로山이 얼굴을 내밀기를 기다렸지만 끝내 구름은 벗겨지지 않았다.

우리가 탄 차량은 끝이 없는 초원을 달리다가 황량한 벌판 위에 잠시 멈췄다. 그곳에 거대한 코끼리 가족이 움직이는 장면을 촬영하기 위해 사파리 차량이 줄을 서 있었기 때문이다.

끝이 없는 초원을 달리다가
황량한 벌판 위에 잠시 멈췄다.

  우리 일행도 그들 틈에 끼어 코끼리가 지나가길 기다렸다. 기다리는 동안 코끼리나 사자가 사파리 차량으로 접근해 온다고 하더라도 놀라거나 소리를 지르면 안 된다는 주의사항을 들었다.

  가만히 지켜보고 있으면 아무 일 없이 지나간다고 한다. 멀리서 엄청난 코끼리 떼가 상아를 달고 나타났다. 상아는 어마어마하게 컸다. 코끼리가 갑자기 제자리에 서더니 코로 흙을 집어 몸에 계속 끼얹는 모습에 놀라자 가이드는 몸에 열을 식히고 벌레퇴치를 위한 행동이라고 했다. 코끼리 떼는 정면으로 우리 차 앞을 통과해 건너편으로 유유히 걸어갔다. 순간 아찔했다. 그들은 이동할 때 가족 단위로 움직인다고 한다. 국립공원 안에서는 여행자들이 차에서 내리는 일이 금지되어 있다. 사파리 차량도 정해진 도로나 차바퀴 자국을 따라 이동할 뿐 도로를 벗어날 경우, 공원 경비대로부터 벌금을 부과받는다고 한다.

사파리호텔 저녁

　투어를 마치고, 호텔로 돌아와 맑고 신선한 공기를 마시며 야생동물들이 잘 보이는 곳에서 저녁 식사를 했다. 멀리서 들려오는 동물들의 소리와 울타리 밖의 끝없는 초원 위에서 자유롭게 움직이는 동물들의 모습은 마치 동화 속의 그림을 상상하게 했다. 기후 온난화로 인해 암보셀리 국립공원에도 코끼리가 늘어나면 초원이 황폐해지고 숲의 면적도 줄어들 것이란 말에 마음이 편치 않았다.

먹고 먹히는 생태계의 세계

누군가 문을 두들기는 소리에 나가보니 '붉은 콜로부스(원숭이)'가 문밖에서 서성거리며 코끼리가 근처에 와 있다는 소식을 전해 주었다. 우리는 따끈한 밀크티 한 잔을 마시고 야생동물들이 일어나는 시간에 맞춰 다시 광야를 달렸다.

암보셀리 숙소

사자에게 습격당한 얼룩말

구름 속에서 살며시 모습을 드러내는 아침햇살은 슬픔이 서려 있는 듯 했다.

아뿔싸!

밤사이 누군가에게 습격당한 얼룩말이 처참한 모습으로 마음을 아프게 했다. 가이드는 사자에게 습격당했다고 한다.

주위를 살펴보니 얼룩말이 있는 멀지 않은 곳에 사자가 늘어지게 배 깔고 드러누워 꼼짝도 하지 않고 있었다. 우리는 달리던 차를 세우고 한동안 사자의 반응이 궁금하여 지켜보았지만, 기다림은 시간만 흘려보냈다. 또 다른 사자가 습지 주변을 어슬렁거리고 있었다. 그러자 습지 주변에 있던 많은 초식 동물들은 곧바로 도망가지 않고 온 신경을 사자 쪽으로 곤두세우는 것이 보였다. 혹시라도 사냥할까 한참을 기다렸지만, 그런 일은 일어나지 않았다. 생태계의 먹이사슬 현장이었다. 구름속에서 살며시 모습을 드러내는 아침햇살은 슬픔이 서려 있는 듯 했다.

암보셀리 저녁 노을

배깔고 늘어지게 자는 사자

작은 가젤들이 떼를 지어 다니는데 가젤도 톰슨가젤, 그랜트 가젤 등 다양했다. 딕딕이라는 동물도 처음 보았다. 이곳은 눈이 녹은 물이 화산 폭발로 방출된 화산암을 통과하여 끝없이 공급되면서 자연 생태계가 잘 유지되고 있단다. 작은 면적에도 아프리카코끼리가 많이 서식하는 암보셀리는 사자, 치타, 검은 코뿔소, 하마, 기린, 톰슨가젤, 하이에나, 버펄로, 임팔라, 자칼 등 50여 종의 포유동물과 500여 종의 조류 등 야생동물들의 모습을 관찰할 수 있다. 헤밍웨이도 이곳에서 [킬리만자로의 눈]을 집필하며 사파리를 즐겼다고 한다.

숙소로 돌아와 호텔식으로 늦은 아침 식사를 했다. 케냐는 탄자니아보다 훨씬 건조했다. 비구름이 킬리만자로山 봉우리들을 넘지 못해 두 달 동안 비가 오지 않았다고 한다. 그래서인지 말라 죽은 동물의 사체가 간간이 보였다.

암보셀리 국립공원은 저 멀리 킬리만자로산이 보이는 것이 매력이다. 하지만 킬리만자로산과 여러 동물을 카메라에 담아내기에는 쉽지 않았다. 요즘 카메라가 좋다곤 하지만, 대자연을 담아내기엔 턱없이 부족했다.

아프리카 대자연 트레킹과 마사이 마을 체험 그리고 특별하게 사파리 투어를 마치자, 오랜만에 아루샤에는 빗방울이 떨어졌다. 아루샤의 메마른 대지는 촉촉이 젖은 목마름의 입새 김질을 했다.

코끼리

사파리파크 호텔의 화려한 밤

트레킹 9일째
2016년 12월 31일(금) 맑은 후 비 오락가락
암보셀리 국립공원… 사파리 파크호텔

사파리 파크 호텔

오후 1시, 나이로비(케냐의 수도)는 희뿌연 매연 속에 잠기고 우리는 점심을 먹기 위해 자리를 옮겼다. 현지(케냐)에서 스마일여행사를 경영하고 계신다는 이OO 사장님의 안내를 받아 한국인이 경영한다는 식당에서 된장찌개를 먹었다. 며칠동안 한국 음식을 먹지 못한 탓인지, 아니면 먼 이국땅 아프리카에서 먹는 우리의 음식 된장찌개를 먹어서인지 밥을 먹고 나서야 제대로 식사를 한 것 같았다. 빗줄기가 점점 굵어지기 시작했다. 우리 일행은 서둘러 아프리카 여행 중 마지막 숙소인 사파리 파크 호텔로 이동했다. 호텔은 나이로비 시내에서 30분 거리에 있었다.

호텔에 들어서자 로비에는 엄청나게 큰 코끼리 구조물이 세워져 있었다. 호텔을 경영하시는 노영관 사장님은 한국분으로 1974년 처음 이곳에 문을 연 이후 지금은 약 5만여 평 부지에 약 800여 명의 현지 직원을 채용하는 대형 호텔로 인정받고 있다고 한다.

저녁 식사 시간까지는 여유가 있어 나는 봉순 대장과 호텔을 한 바퀴 돌아보기로 했다. 건물은 2층 구조로 마치 숲속에 와 있는 듯 사방이 파릇파릇 이름을 알 수 없는 나무들로 가득 찼고 신기한 꽃들로 식물원에 온 듯한 느낌이었다. 케냐 날씨는 생각보다 덥지 않았지만, 수영장 물은 얼음처럼 차가웠다. 저녁 식사는 아프리카 캣츠 쇼를 관람하면서 했다. 식당에 들어가 정해진 자리에 앉자 다양한 고기를 숯불로 구워 요리사가 좌석마다 직접 다니면서 예쁜 접시에 담아 주었다.

실내 코끼리

사파리파크
바비큐

　나는 지금까지 맛보지 못한 소, 돼지, 닭, 양, 염소, 악어, 낙타까지 먹었다. 향신료를 많이 사용하여 입에 맞지 않을 것이라 생각했는데, 전혀 느끼하지 않고 그냥 우리 입맛에 맞는 최고의 만찬이었다. 캣츠 공연은 저녁 9시부터 시작되었다.

　주제공연(캣츠)이 끝나고 우리는 그들과 함께 우리 노랫가락 아리랑(우리나라의 대표적인 민요의 하나)부터 시작하여 우리가 즐겨 부르던 7080 가요(그때 그 사람, 비 내리는 영동교, 돌아와

캣츠 공연

캣츠

　세계 4대 뮤지컬로 꼽히는 명작 뮤지컬로, 시인 TS 엘리엇(1888~1965)의 우화집 《지혜로운 고양이가 되기 위한 지침서》를 토대로 만들어진 작품이다. '뮤지컬 분야 미다스의 손'으로 불리는 기획자 캐머런 메킨토시(Cameron Mackintosh)와 작곡가 앤드류 로이드 웨버(Andrew Lloyd Webber)의 대표작으로 1981년 영국 웨스트엔드에서 초연됐다. 특히 초연 이후 2002년까지 8,950회 공연, 미국 브로드웨이에서 1982년부터 2000년까지 7,485회 무대에 올라 가장 오래 활동한 작품으로 기네스북에 올라 있다. 전 세계 30개국 300개 도시(2015년 기준)에서 공연됐으며 국내에서도 라이센스, 내한 공연 등을 통해 주기적으로 공연돼 온 흥행작이다.

　뮤지컬 캣츠는 1년에 한 번 열리는 젤리클 고양이들의 축제를 배경으로 화려한 댄스와 음악을 공연하는데, 특히 늙은 고양이 그리자벨라가 부르는 넘버인 '메모리(memory)'가 유명하다. 이 곡은 캣츠를 상징하는 곡으로 바브라 스트라이샌드를 비롯해 100여 명이 넘는 가수들이 리메이크하면서 더욱 큰 주목을 받았다.》　　　　　　　　　　　　　　　　　　　　　[네이버 지식백과]

공연팀

요 부산항에 등)를 밤이 새도록 부르고, 어깨동무하면서 킬리만자로山 트레킹 성공을 축하했다. 그렇게 케냐의 밤은 우리들 사이에서 화려한 빛으로 하얗게 타오르며 또다른 선물로 다가왔다.

계간문예수필선 125　걷는 자의 꿈Ⅱ
정다임 수필집 _ **느린 발걸음에 담긴 아프리카**

초판 인쇄　2024년 2월 20일
초판 발행　2024년 2월 25일

지 은 이　정다임
회　　장　서정환
발 행 인　정종명
편집주간　차윤옥

펴 낸 곳　도서출판 **계간문예**
주　　소　03132 서울 종로구 삼일대로 30길 21 종로오피스텔 1209호
전　　화　(02) 3675-5633 팩스 (02) 766-4052
이 메 일　munin5633@naver.com
홈페이지　http://cafe.daum.net/quarterly2015
등　　록　2005년 3월 9일 제300-2005-34호
연 락 처　03132 서울 종로구 삼일대로 32길 36 운현신화타워 305호
인　　쇄　54991 전북 전주시 완산구 공북1길 16, 신아출판사
ISBN 978-89-6554-288-9　04810
ISBN 978-89-6554-133-2 (세트)

값 15,000원

잘못 만들어진 책은 바꾸어 드립니다.
저자와 협의하여 인지를 생략합니다.